Robert Pfrogner

AF282422

Sandfahrer

Eine Tiermangelsafari durch
Botswana

© Robert Pfrogner
Herstellung und Verlag: Books on Demand
GmbH, Norderstedt
ISBN 9783837083088

Inhaltsverzeichnis

Ein geschichtlicher Rückblick und eine Begründung. Gilt als Vorwort.

Die beste Begründung nach Afrika zu fahren ist die stammesgeschichtliche. Charles Darwin widersprechen heute nicht einmal mehr die modernen Paläoanthropologen, warum also sollten es unsere Frauen wagen. Männer haben das Recht an ihren Wurzeln zu forschen. So entwickelt sich ganz selbstverständlich der Drang ins südliche Afrika. Schon im November 2001 gab es eine zehntägige Namibiareise ohne Sandschaufeln und Wasserlochversenkung. Damals eine kleine Enttäuschung für Armin, dem vierfachen Saharadurchquerer. Touristische Reisen sind schließlich nichts für Männer, nichts für Männer in unserem Alter, es müssen schon Abenteuer sein, die so gefährlich klingen dürfen, dass unsere Frauen sich daran nicht beteiligen wollen. Vier Männer mit vier eigenen Frauen passen eher an italienische Mittelmeerstrände. (Vier Männer mit irgendwelchen vier Frauen passen auch dorthin, dürfen dann aber nicht mehr heimfahren.)

Seit unserer Namibiatour liegt die Reise nach Botswana in der Luft. Das habe ich, Freund Bernhard aber auch, etwas ignoriert, oder über weite Strecken vergessen. So erklärt sich die Überraschung, als Armin Anfang des Jahres ganz selbstverständlich ankündigte, nun sei es soweit: in diesem Jahr fahren wir bekanntermaßen nach Botswana, er habe auch schon eine Vorstellung wie und wohin genau. Sein Bruder Harald fährt mit, für technische Unterstützung durch einen Maschinenbauingenieur ist damit auch gesorgt. Darf man Freunde enttäuschen? Nein, man nimmt sich zusammen, steht zu seinem Wort und unterstreicht, wie sehr man sich darauf freut. „Armin wäre enttäuscht", ist gegenüber einigen unserer Ehefrauen (ich vermute allen) guter Vorwand, nun doch etwas sehr Schönes machen zu dürfen. Es braucht schon einen Ruck, um aus dem Sumpf der Alltäglichkeit herauszufinden.

Die häusliche Dramatik aus den veranschlagten zwei Wochen im Oktober oder November steigert sich aus der Märzperspektive nur langsam, aber stetig. Eine so lange Reise, ganz ohne eheliche Begleitung und Beratschlagung, zu unternehmen, war bislang nicht üblich. Der eine oder andere von uns fürchtete, es werden sich daraus eheweibliche Ansprüche ableiten. Man stelle sich nur vor, die Gattin beantragt einen zweiwöchigen Wellness-Aufenthalt in einem südtiroler Hotel. Nicht nur, dass es unbezahlbar wäre, die erogene Bereitschaft aus körpernahen Anwendungen wüchse auch täglich. Diese Gefahr wäre in jedem Fall größer, als das Malariarisiko am Okavango.

Nun, zwei Wochen Botswana waren gesetzt und es war erst März. Noch einige geplante, familiengemeinsame, Unternehmungen standen bevor. Meinerseits war es eine größere Thailandreise, mit Bernhards Familie übrigens, und ein New York-Wochenende. Genug Ablenkung von der Diskussion also, wie lang darf ein Mann mit Freunden alleine reisen. Der wirklich Leidtragende war indes Armin. Insbesondere Bernhards und mein Aktionismus an den berufsüblichen Fronten, ließen Armin bei den Vorbereitungen ziemlich alleine. Seine Einladungen zur Besprechung der Reiseroute wurden immer wieder abgesagt.

Meinerseits waren dann alle Reisen getan und der Kopf wurde etwas freier für die neue Herausforderung. Jetzt drängte es auch mich zu erfahren, wie wir uns dem Land nähern würden. Einen Reiseführer hatte ich nun auch besorgt, konnte dem aber nicht die Vierzehntage-Idealtour entnehmen. Die gelesenen Ausschnitte klangen allesamt interessant. Die Beiträge im Internet waren nicht gerade ergiebig oder genügend ausführlich. Hinter den entsprechenden Google-Stichwörtern verbargen sich meist nur südafrikanische Reiseveranstalter, die sich in der Lage sahen, eine individuelle Tour zusammen zu stellen. Das brauchten wir nicht. Wir hatten Armin.

Der machte seine Sache nun auch perfekt – ganz ohne uns. Bei der Vorbereitungseinladung, es war ein Freitag in Armins Haus, mit Leberkäse und Weißbier, breitete er Karten aus, in denen er die mutmaßliche Route zeigte. Im Vorschlagston erzählte er von den möglichen Schwierigkeiten, den Leichtigkeiten und den interessanten Schwerpunkten. Ich hatte nichts dagegen zu halten, ich wusste es nicht nur nicht besser, ich wusste eigentlich gar nichts.

Mein Studium des Reiseführers war auch noch eher erstsemestrig zu nennen. Armins Bruder Harald beeindruckte schon während des Essens mit umfangreichen Checklisten, die unter anderem so wahnsinnig erscheinende Geräte enthielten, wie ein zwanzig Meter langes Bergsteigerseil (Berge im Sumpfland?) und eine Bogensäge (Hütten selber bauen?). Ich selbst dachte eher an ein Teleobjektiv, Aspirin und einen Grill.

Nach dem Leberkäse stellte sich heraus, dass die Pfade und Straßen (die Reihenfolge ist absichtlich so gewählt, denn später stellte sich heraus, es gab mehr Pfade als Straßen) längst ausgemessen waren. Selbst die Zeit, die jeweils benötigt werden würde, war schon belagsabhängig berechnet: Teerstraße hundert Kilometer pro Stunde, Gravel Road achtzig, tiefer Sand zwischen zehn und dreißig Kilometer pro Stunde. Dreitausendeinhundert Kilometer insgesamt sollten es werden (tatsächlich waren es dann dreitausendzweihundert).

Die ganze Strecke hatte Armin bei Google Earth längst mehrmals abgefahren. Er kannte jeden Buffalo Fence (Einzäunung der Nationalparks), jeden Campground. (Kleine nachträgliche Schadenfreude: die Wasserlöcher, die uns später noch ganz schön zu schaffen machten, die konnte er weder in den Karten, noch bei Google Earth sehen.) Unsere Kommentare beschränkten sich also bei der Präsentation auf kleinere Nachfragen, die aber so oberflächlich waren, dass sie zu keiner Zeit Armin irgendwie ins Grübeln brachten. Am Ende des Abends fühlten wir alle uns bestens vorbereitet. Kleinere Hausaufgaben bekamen wir noch mit. Bernhard wird sich um die medizinische Notfallausstattung kümmern, zusammen mit meiner Frau Inge (sie arbeitet in einer Apotheke), jeder sollte an Ladegeräte denken, eventuell wäre die Mitnahme eines Sattelitentelefons wünschenswert („ich werde mich erkundigen!"). Der Umfang der mitzunehmenden Barschaft sollte auch berücksichtigen, dass wir uns gelegentlich in teuren Lodges einmieten wollen, schließlich sind wir alt genug für einigen Komfort.

Drei oder vier Wochen waren es noch, Bernhard musste mit seiner Familie noch schnell eine Woche nach Ägypten, Harald war schon durchgeplant und bereit sofort abzufahren, ich selbst musste zusehen, dass mir kein dienstlicher Termin mehr in die Quere kam. Ein Treffen war nicht mehr erforderlich. Noch einmal verständigten wir uns telefonisch darüber, dass es nun in wenigen Tagen los gehen würde.

Der erste Tag zählt nicht. Mit dem Auto zum
Flughafen, mit dem Flieger nach Windhoek.
Das kann jeder.

Freitag, 14. November

Es steht sich entspannt auf, wenn der Flieger erst um 20:10 Uhr abdüst. Der Reiseaufgeregtheit gibt man dann um 16 Uhr nach, die Einsammeltour zum Flughafen München beginnt. Inge fährt, wir holen Bernhard von seinem Haus ab, fahren weiter zu Armin, wohin auch schon Harald von seiner Ingrid gebracht wurde. Wir fahren die Autobahn zum Flughafen, mit Staus ist nicht zu rechnen, wir werden rechtzeitig ankommen.

Das Einchecken ist vollkommen unproblematisch, die XL-Sitze (großer Fußraum im Einstiegsbereich) waren auch längst gebucht in dem großen und vollen LTU-Flieger nach Windhoek. Ein für lange Zeit mutmaßlich letztes Weißbier gönnen wir uns im Wartebereich des Terminal 1.

Die Erkenntnis, dass man auch ein Flugzeug gerädert verlassen kann. Namibische Teerstraßen und erstes Afrikagefühl durch „Lodging."

Samstag, 15. November

Von einem vollkommen unspektakulärem, ruhigem, wenngleich auch nicht mit sehr viel Schlaf ausgefülltem Flug möchte ich schreiben, wäre da nicht ein bleicher Armin beim Ausstieg, der gerade Kraft genug hat mitzuteilen, er hätte sich vier mal übergeben müssen. Die Vomitation eines Trinkers führt zur schlagartigen Erholung, doch die wohl flugängstlich begründeten Entleerungen bis zum Magensaft schwächen Armin über Stunden. Noch am Flughafen sucht er einen ruhigen Platz, bis wir das Gepäck zum abholenden Auto transportieren. Armin weiß um die vierzig Kilometer bis Windhoek und die bevorstehenden fünfhundert Kilometer heute noch bis zum ersten Lagerplatz. Er ist aber unfähig diese Gedanken mit uns zu teilen und wir dringen nicht in ihn, hoffen aber auf schnelle Besserung. Die telefonische Nachricht nach Hause ist eindeutig: alles ist bisher gut verlaufen, ausgenommen diese kleine Unpässlichkeit bei Armin. Seine Frau Christel klärt fernmündlich über den Äquator hinweg auf: die Erholungsphase könnte auch Tage dauern. Wir glauben ihr nicht.

Bei der Autoübernahmestation gibt es eine geteerte Rampe vor dem Bürogebäude. Für Armin eine gute Gelegenheit, sich entspannt dorthin zu legen, mit Cola in der Hand, während wir die Langweiligkeit der Formalitäten hinter uns bringen. Erst beim Autocheck erwacht Armin und bringt sich ein. Keine Kompromisse beim Fahrzeug. Mit einem Land Rover würde er sich bestens auskennen, mit dem Toyota Hilux 4x4 braucht er noch etwas Liebesvorspiel. Der Vermieter ist erstaunt über die detaillierte Checkliste von Harald, aber er nimmt uns ernst und ahnt, hier sind versierte Burschen unterwegs. (Er sollte später noch bemerken, dass wir einem Geländefahrzeug alles abverlangen werden.)

Die erste Fahrt bringt uns zu einem großen Supermarkt in der Stadt. Wir müssen einbunkern. Armin zieht es vor, im Auto sitzen zu bleiben und überlässt uns, mit Haralds Checklisten – auch für Lebensmittel -

die Verantwortung. Der Einkaufswagen ist letztlich übervoll und kaum mehr beweglich.

Exkurs. Mit Bernhard ist es nicht ganz leicht durch einen Supermarkt zu gehen. Er ist sehr interessiert an dem gesamten Warenangebot und fühlt sich inmitten des Paradieses. Hier sind all die schönen Dinge aufgebahrt, die das Leben leichter machen. Dieser Enthusiasmus ist vielleicht deshalb verständlich, weil jeder Supermarkt für ihn immer wieder eine vollkommen neue Erfahrung darstellt. Das Links und Rechts von Nudeln, Reis, Milch und Bier ist so aufregend, dass er kaum zu den Grundnahrungsmitteln findet. Doch für unser geplantes Leben im Busch, und unter den zeitlichen Einschränkungen, die wir zu ertragen haben (heute noch fünfhundert Kilometer, bevor es dunkel wird – und es ist schon 12 Uhr), wäre die Konzentration auf das Notwendige sehr praktisch.

Ich kann mit Kreditkarte bezahlen, das ist verhältnismäßig einfach. Unverhältnismäßig schwer ist es allerdings für das Mädchen, das unsere Massen in Tüten verpacken will. Harald unterstützt tatkräftig und wir verteilen das ganze Volumen auf drei Einkaufswägen, die sich leichter zu den Autos rollen lassen.

Durch schöne, und aus der ersten Reise durchaus erinnerte, Landschaft erreichen wir nach fünfhundert Kilometern Roy's Camp bei Grootfontain. Reiseführerdeutsch ist die Anlage mit einigen Bungalows, von denen wir zwei beziehen, einem trüben Swimmingpool, das wir nicht besuchen, einer offenen Bar, in der wir sofort ein kaltes Bier trinken, sehr charmant. Die heiße Dusche spült alle Gedanken fort, die nicht an diesen Platz passen. Armin erholt sich zusehends und ist bereit mit uns zu dinieren. Das rustikale Buffet hat viel Fleisch und warme Wurst vom Schaf, Rind und Schwein. Auf den Nachtisch, es wäre Eis gewesen, verzichten wir. Wir haben etwas Sorge, es könnte uns schaden, begründen den Verzicht aber mit Völlerei, die wir uns nicht leisten wollen.

Nicht in die Kategorie Völlerei gehört aber der südafrikanische Cabernet Sauvignon, den wir am offenen Feuer trinken. (Armin liegt schon im Bett.) Etwas Sorge machen uns die Wetterberichte. Im Caprivistreifen regnet es bereits seit einer Woche ziemlich anhaltend. Es gibt kaum Tiere dort. Ein großer Käfer (maikäferartig) fliegt uns an, fällt auf den Boden und wäre fotografierbar. Ich will mich auf Elefanten konzentrieren, verzichte auf das Foto und bestelle noch einen Wein. Er kommt glücklicherweise aus dem Kühlschrank, die Nachttemperatur beträgt achtundzwanzig Grad – herrlich für uns aus den kalten Herbst Geflohenen, zu warm für Wein in hiesiger Zimmertemperatur.

Erster zaghafter Kontakt mit dem schwarzen Afrika. Ein schmaler Fluss mit großem Namen und deutlicher Wasser-Schlamm-Kontakt. Eine lange Nacht mit Jim.

Sonntag, 16. November

Was für ein mühsames Aufstehen! (Hoffentlich ist das nicht immer die erste Zeile eines Tagesberichtes.) In unserem Fall ist es heute wohl der prinzipiellen Übernächtigkeit geschuldet, der Desinfektionswhisky hat sicher in seine vorgesehene Richtung gewirkt (keine Probleme mit dem Morgenstuhl, Herr Doktor!), über Nebenwirkungen informierte uns das Etikett nicht.

Die Sonne steht am Himmel, das Frühstück wartet. Es ist 7:30 Uhr (nach deutscher Zeit sogar erst 6:30 Uhr), das Buschleben beginnt offensichtlich früh. Löslicher Kaffee, ab jetzt wird es immer nur löslichen Kaffee geben, löst auch die Verspannungen im Kopf. Das Frühstück ist deftig für die einen, Wurst mit Kraut für mich, traditionell für die anderen, Müsli mit anschließendem Ei, immerhin.

Obwohl wir nicht campierten, ziehen sich die Aufräumarbeiten rund ums Auto. Sie dauern einfach noch zu lang. Ergonomische Meisterleistungen werden nicht erbracht. In der Folge ist die Abfahrt erst um 9:30 Uhr, hinauf zum Okavango. In Rundu wollen wir noch etwas Wasser kaufen. Armin scheint vollkommen wiedererstarkt und glaubt die interne Versorgungslage verbessern zu müssen.

Die Strecke ist interessant. Vielleicht hundert Kilometer vor Rundu sehen wir zahlreiche Dörfer links und rechts der Teerstraße, schöne, schwarzafrikanische Dörfer, wie wir sie uns vorstellen: Schilf gedeckte Rondavels in der Hauptsache. Nur kurz halten wir einmal für einen Fotostopp. Mit der einheimischen Bevölkerung kommen wir noch nicht in Kontakt und wir scheuen uns auch ein wenig davor – noch. Rundu selbst ist kein schöner Platz. Wir tanken noch nicht einmal, lassen aber die Kinder, die uns die Scheiben waschen, es werden im Verlauf der Aktion immer mehr, gewähren. Dafür gibt es namibische Dollar in viel mehr kleine, schwarz-weiße Hände, als wir beim Waschen sahen. Letztlich können wir uns dem Andrang nur durch Scheiben schließen und losfahren erwehren.

Die Fahrt sollte am Fluss entlang führen, doch wir kommen nicht so recht ans Wasser, der Schilfgürtel ist zu breit. Wir fahren eine Gravel Road statt auf der etwas flussferneren Teerstraße und sind dem Caprivi-Leben doch nicht näher. Armins GPS-System gibt uns den Anschein, wir würden ganz nah dem Wasser sein, doch wir sehen es kaum. So können wir auch auf die Teerstraße wechseln, kommen also schneller voran. Die eingesparte Zeit nutzen wir, um dann doch einer Stichstraße zum Fluss zu folgen. Eine gute Entscheidung.

Auf einem Sandweg erreichen wir eine Lodge, direkt am Okavango, der sich viel schmaler zeigt, als wir ihm zutrauten. Wir nützen den freundlichen Empfang, um uns vier Bier zu bestellen, die wir auf einem etwas schlampigen Boot mit breiter Plattform zügig hinunter trinken. Der Blick über das Wasser ist sehr angenehm, verbunden mit der Erregung, direkt nach Angola sehen zu können. Stimmen aus dem Schilf der gegenüberliegenden Seite lassen unsere teleobjektivbewehrten Fotoapparate klicken. In der guten Vergrößerung auf dem Display sehen selbst wir sehschwachen, älteren Herren, Kinder beim Wasserschöpfen. Sehr beeindruckend, sehr afrikanisch. Zu unserem Glück, schiebt sich nun auch noch ein Einbaum vor unsere Linsen, gerudert und gesteuert von zwei Schwarzen. Jetzt kommt sukzessive das Afrikagefühl.

Der Rückweg ist nicht ganz identisch mit dem Stichstraßenpfad. Ich wundere mich, aber vertraue der Orientierungsfähigkeit der Vorausfahrer. Breite, pfützenreiche Wiesen durchfahren wir, immer ein wenig achtend auf trockene Fahrspuren. Etwas Übermut vielleicht lässt Armin eine erste, harmlos erscheinende Wasserdurchfahrt versuchen. Prompt bleibt er im stinkenden Schlamm stecken. (Rundherum gibt es tatsächlich ein paar weidende Schweine, die sich in diesem Ambiente auch wohlfühlen). Weise beobachtend bleibe ich normalerweise zurück, um letztlich nur den erprobten Weg des Vorausfahrers zu befahren. Jetzt suche ich die trockenen Stellen selbst, bekomme auch Hinweise einzelner Dorfbewohner, die einfach so herumstehen und auf Ereignisse zu warten scheinen.

In gebührendem Abstand, aber in Seillänge (nun ahne ich um die Notwendigkeit des Zwanzigmeter-Seils) bleibe ich stehen. Die rege Anteilnahme der Bevölkerung ist uns sicher: die Frauen beobachten mit einge-stützten Armen die Zeremonie, ein Mann hilft tatkräftig mit, die Autos mit dem Seil zu verbinden. Armin, der Verursacher und Betroffene, ist ganz begeistert und filmt den gesamten Vorgang. Die Aktion gelingt, alle sind zufrieden, wir bedanken uns bei den Dorfbewohnern für die rege Anteil-nahme mit ein paar Dosen Bier. Das erste Training haben wir erfolgreich absolviert.

Heute noch wollen wir die Grenze nach Botswana überschreiten. An der letzten Tankstelle in Divundu tanken wir ganz voll, auch die drei Reservekanister je Auto. Wir rüsten uns für eine große Fahrt mit allerhand Imponderabilien. An der Tank-stelle bekommen wir noch den Tipp, alles Fleisch und Wurst zu verstecken, die Gren-zer in Botswana könnten kontrollieren und wir müssten dann alles wegwerfen. Sehr kreativ sind wir nicht, wir verstauen einfach die eingeschweißten Päckchen unter der Rücksitzbank und füllen den freien Platz im Kühlschrank mit Getränkedosen.

Die Grenze ist unspektakulär. Die Formalitäten sind schnell erledigt, zwei Blätter, eines für die Ausreise aus Namibia, das andere für die Einreise nach Botswana, werden ausgefüllt. Die Stempel werden mit lautem Knall in den Reisepass platziert – fertig. Insgesamt dauerte es kaum dreißig Minuten. Wir sind die einzigen Grenzgänger um diese Zeit. Der botsuanische Zöllner will tatsächlich in unseren Kühlschrank sehen, um nach Fleisch zu suchen. Ach, was waren wir wieder schlau!

Ursprünglich trugen wir uns mit dem Gedanken, heute noch auf die andere Flussseite hinüberzusetzen. Die Sorge vor einer zu rasch einbrechenden Dunkelheit, verbunden mit den Unwägbarkeiten der Gravel Road auf der Ostseite des Okavango, lässt uns zu Drotsky's Cabins, etwa acht Kilometer südwestlich von Shakawe, auf der Westseite, fahren. Diese Lodge ist unmittelbar am Wasser. Wieder bauen wir unser Zelt nicht auf, sondern bewohnen das letzte freie Chalet, ein Häuschen mit zwei Schlafplätzen unten, zwei oben, ideal für unsere Truppe.

Das Abendessen ist etwas einfach, aber nicht schlecht. Für den nächsten Tag buchen wir eine Flusssafari, Krokodile und „Hippos" wollen wir sehen. Kein Problem, versichert uns Herr Drotsky Junior, dessen Familie schon seit hundert Jahren hier wohnt, es wäre alles möglich.

Nach dem Essen werden Stimmen unter uns laut, die fordern, man möge doch die traumhafte Lage unseres Chalets direkt am Ufer nutzen, um bei einem letzten Jim Beam mit Cola noch teilzuhaben am Sumpfkonzert mit seinem schrillen Gezirpe, untermalt von den Bässen quakender Ochsenfrösche. Die nächtliche, privat organisierte Veranstaltung, löst sich um 1 Uhr nachts auf. Es ist zwar noch Cola da, aber Jim fehlt.

Eine Flusssafari mit viel Botanik und wenig Tieren. Die ersten Hippos kommen ins Blickfeld. Autan-Erprobung mit kleinen Erfolgen.

Montag, 17. November

Nach einem unspektakulären Frühstück gehen wir nun auf eines der Boote, die direkt unterhalb des Restaurantpfahlbaues liegen. Ein Aluminiumplätte mit Außenbordmotor und Bestuhlung für zehn Mitfahrer bringt uns vier flussaufwärts, Richtung Namibia. Das anfangs papyrusgesäumte Ufer der ersten fünfhundert Meter verändert seinen Bestand immer wieder. Bäume, auch Palmen, Büsche und Schilf wachsen in diesem feuchten Biotop. Selbst Weidegründe mit Rind, Esel und Schaf reichen immer wieder einmal direkt ans Wasser. Unsere Augen sind nicht gerade tierverwöhnt. Außer Hausschweine, Kühe und Esel haben wir noch nichts gesehen. Auch jetzt suchen wir etwas verzweifelt die Uferregionen ab. Endlich entdeckt unser Bootsmann einen Schreiseeadler auf einem hohen Baum. Im Gegenlicht des Himmels leider nicht besonders gut zu fotografieren. Ein paar Vögel weiter fahren wir auf ein echtes, wenn auch kleines, Krokodil zu. Freundlicherweise bleibt es auf seinem Inselchen liegen und lässt uns einigermaßen nah ran. Wir genießen das tolle Gefühl auf einem gefährlichen Fluss zu fahren, den wir schwimmend nie erforschen wollen. Neben den Uferbruthöhlen schöner roter Vögel, deren Namen ich vergessen habe, erkennen wir noch einen Lizard, ein schönes Reptil, das fast einen Meter lang ist. Es gibt in dieser Kategorie fünftausend Arten und keiner weiß, wie dieser heißt. Ich fotografiere ihn und danach einfach in eine schreiende Vogelwolke hinein, wird sich schon etwas ins rechte Licht bewegen.

Der ohnehin nicht stark ausgeprägte Ornithologe in mir ist damit zufrieden, mich drängt es endlich zum Großwild. Wo sind die Flusspferde? Unser Bootsführer ist sich seiner Aufgabe bewusst, er kennt die Gegend und fährt uns zielsicher an einen so genannten Hippo-Pool. Hier liegen sie also, vielleicht fünfzehn Exemplare, nur Augen und Ohren schauen aus dem Wasser. Zweihundert Meter sind wir entfernt, nah genug, um das Bewusstsein zu nähren, wir sind in Afrikas Großwildgegend, fern genug allerdings, um ordentliche Aufnahmen von aufgesperrten Rachen zu machen, wie wir sie immer wieder in Reiseführern und Prospekten sahen. Von den immer gleichen Wassererhebungen schießen wir wohl hundert Bilder, Sortierung soll dann zuhause erfolgen, jetzt gilt es jede Gelegenheit zu nehmen, wer weiß, vielleicht ist es die letzte Flusspferdbegegnung. Ich möchte gerne näher heranfahren, aber der Bootsführer wagt es nicht. Ein gefährlicher Fluss also. Auf der schnellen Rückfahrt, flussabwärts, begegnen uns noch Einbaumfahrer mit großer Schilfladung. Dieses Bild gefällt mir fast noch besser, als die Hippoaugen in der Entfernung.

Letztlich sind wir mit unserer Wassersafari aber doch sehr zufrieden. Der Himmel, anfangs ziemlich trüb, hellt nun auch auf. Die Geländewageninspektoren unter uns stellen fest, dass die Luft in den Reifen nicht ausreichend ist. Unsere Handpumpen taugen leider überhaupt nicht und wir wollen eine Tankstelle in Shakawe suchen, die uns mit Luft versorgt. Tatsächlich finden wir diese eine Tankstelle auch (Diesel brauchen wir nicht, wir sind noch voll bis zum Rand), aber Luft hat sie nicht. Die nächste Hoffnung, dass in der Nähe der Fähre noch etwas zu finden sein könnte, zerschlägt sich auch, obwohl wir hier viel Zeit hätten. Das Fährpersonal ist beim Mittagessen und wir warten etwa zwei Stunden für die zehnminütige Überfahrt.

Die sehr gut zu fahrende Gravel Road nach Seronga führt entlang zahlreicher kleiner Siedlungen. Zwischen den Siedlungen ist reger Fußgängerverkehr. Die schwarzen Damen und Herren stauben wir ziemlich grau ein. Sie nehmen es stoisch, winken manchmal sogar freundlich und wir auch.

Zügig geht es voran. Zwei Möglichkeiten sieht der weitere Plan vor: Übernachtung in Seronga im Mbiroba-Camp, oder später irgendwo im Outback. Überraschenderweise ist der Pfannenstiel der Okavangopfanne auf der Ostseite ziemlich gut besiedelt. So einen richtig ungestörten Platz irgendwo draußen werden wir wohl nicht so schnell finden. In der Nähe einer Siedlung scheint uns eine Übernachtung zu gefährlich, gefährlich nicht für Leib und Leben, aber für einige unserer mitgeführten Materialien. Zwei Autos voller nützlicher Sachen könnten Begehrlichkeiten erwecken, was nicht in unserem Sinne wäre. Also bleiben wir schon hundertvierzig Kilometer nach der Fähre im Camp in Seronga. Das von Einheimischen geführte Camp, übersetzt heißt Mbiroba „Buschmann-Camp", kommt uns etwas verlassen vor. Jedenfalls sind wir die einzigen Gäste. Wir beziehen ein Chalet, ein Häuschen mit erstem Stock und ausreichend Schlafplätze für uns.

Es ist erst 16 Uhr und wir würden gerne eine Mokoro-Fahrt buchen. Ein Mokoro ist ein etwa vier Meter langer Einbaum der einheimischen Kavango, der immer noch zur Fortbewegung im Sumpfgelände verwendet wird. Heute geht das nicht mehr, wird uns erzählt, zu spät und überhaupt, der Fluss hat zu wenig Wasser. Morgen aber wäre so etwas zu organisieren. (Mehr Wasser für den Fluss?) Wir geben auf und fragen nach weiteren Möglichkeiten der Tagesgestaltung. Um 18 Uhr könnten wir etwas essen, dann sollten wir einfach früh ins Bett gehen. Prinzipiell eine sehr gute Idee, doch sind wir viel zu hungrig auf waches Leben. Wir wollen Wildtiere sehen und nicht nur die zahlreich am Boden herumkriechenden Würmer beobachten, die noch nicht einmal als Vogelfutter taugen, wie wir beobachten.

Die Zeit bis zum Abendessen widmen die Technikfreunde der Reparatur des Kühlschranks, die letztlich gelingt. (Einfache Schläge bewirkten mehr, als die Zerlegung des Gehäuses, aber es war eine gute Beschäftigung.) Noch in Shakawe kauften wir beim Chinesen zwei weitere Handpumpen (anderes war nicht zur Verfügung). Aus nunmehr vier Pumpen basteln wir jetzt eine funktionierende. Für ein paar Atü mehr reicht es immerhin. Außerdem haben wir Sand vor uns und da brauchen wir ohnehin nicht viel Druck in den Reifen.

Das Essen bringt ausreichend Kalorien mit, insbesondere die weichen Nudeln, das zähe, vorgeschnittene Fleisch wird wohl keine Vitamine mehr haben. Den kulinarischen Höhepunkt erreichen wir nicht hier. Es gibt noch eine angebrochene Flasche Whisky, die wir leeren müssen, um weiter so gesund zu bleiben, wie bisher. Die Intensivdusche mit Autan bringt das gute Gefühl, von Stechmücken verschont zu bleiben, Teil der Malariaprophylaxe, neben der allmorgendlichen Einnahme von Malarone. Tausend andere Hautflügler, Käfer, Nachtfalter und Fangheuschrecken besuchen uns im Lichte unserer hauseigenen Petroleumlampe. (Solarstrom gab es einmal vor Jahren, die Anlage ist aber kaputt.) Wir lernen die Insekten-Anflüge zu ertragen und rüsten uns somit für künftige nächtliche Attacken. Glücklicherweise ist jedes unserer Betten mit einem guten Moskitonetz ausgestattet, das wir gerne einsetzen. Tagesabschließend einigen wir uns auf den Verzicht des hauseigenen Frühstücks, wir wollen es uns anderntags später irgendwo gemütlich machen.

Tiefer Sand und weiterhin kein Tier. Übernach-
tung im strömenden Regen am Wasserloch.
Keine Mangel an Wein und Cognac.

Dienstag, 18. November

Weckzeit 7 Uhr, Abfahrt 8:30 Uhr, wir
werden etwas schneller mit der Morgen-
rüstung, verzichten aber auch auf das
Frühstück. Bis Beetsa fahren wir auf perfekter, sandig-harter Piste. In einer kleinen
Pause verstecken wir unser Fleisch, Eier
und Milch, denn wir nähern uns dem
„Northern Buffalo Fence". Seit der Ab-
zweigung von der Gravel Road durchpflügen die Autos nun tiefen, weichen Sand
und wir schalten erstmals den Vierradan-
trieb zu. Es geht perfekt und die Reifen
suchen sich die Spur quasi von selbst.
Lenkbewegungen sind kaum nötig oder
möglich. Wohl wegen des Regens vor einigen Tagen ist der Sand griffig und nicht
besonders staubig. Relativ dicht können
wir also hintereinander fahren.

Am Zaun müssen wir nur in ein großes
Buch unsere Wagendaten eintragen, eine
Durchsuchung des Autos entfällt. Der

Zaunwächter mit seiner Familie ist wohl auch zu abgelenkt durch ein Geschenk von Harald an den kleinen, vielleicht fünfjährigen Buben: ein Wind-Drachen. Ein paar Minuten reden wir ein miteinander, lassen den Drachen steigen und fahren dann weiter durch den hohen Sand. Mit der Durchschnittsgeschwindigkeit von dreißig Stundenkilometern entsprechen wir Armins heimischer Prognose. Dennoch haben wir keine Chance noch heute einen offiziellen Campground zu erreichen.

Die Sonne verschwindet, wir fahren in dunkles Wolkengebirge hinein. Immer wahrscheinlicher wird uns der Regen bald erreichen. Die Vertiefungen in den Sandpfaden werden sich weiter mit Wasser füllen, einige Passagen mit Vortags- oder Vorwochenregen haben wir schon durchfahren dürfen. Es gilt, nun schnell einen Platz ausfindig zumachen, der Nachtplatz werden soll. Erstmals wollen wir unser Dachzelt aufstellen. Der Rand eines Wasserlochs, geschaffen von zahlreichen Tieren in der Trockenzeit, scheint geeignet. Von hier aus können wir die Umgebung einigermaßen gut einsehen, der Rest ist nämlich dichter Busch. Wir untersuchen die Eindrücke rund um das Loch und stellen fest, alle Spuren, insbesondere die von Elefanten, sind alt. Mit nächtlichen Besuchen müssen wir also nicht rechnen. So nah am Loch wollen wir doch lieber nichts riskieren. Zwischenzeitlich ist der Regen auch so stark, dass Wasser sowieso überall ist, da brauchen Tiere keine weitere Anreise zu uns Tränkenbesetzern einer Nacht.

Jetzt wird es sich also herausstellen: sind die Regenfälle in dieser Gegend plötzlich, heftig, aber endlich? Oder gibt es eine Verwandtschaft mit dem Regen aus unserer Heimat: lang und ewig? Die meteorologische Auswertung folgt noch im Auto, denn im Augenblick ist einfach zuviel Wasser um uns, als dass wir aussteigen wollen, um das Zelt aufzubauen. Die Begutachtung tendiert zu folgendem Ergebnis: hier handelt sich um eine deutsche Regenvariante, die wir wohl einschleppten, deutlich nass, konstant, keine hellen Flecken am Himmel. Nach einer Stunde haben wir uns an die Situation gewöhnt und bauen doch auf, denn auch der Hunger meldet sich (wir hatten schließlich kein Frühstück). Das aufgestellte Dachzelt erzeugt so etwas wie ein kleines Vordach, unter dem zwei Personen einigermaßen regengeschützt stehen, ja sogar sitzen können. Zum Schutz vor wilden Tieren, von denen wir bisher so gut wie überhaupt nichts gesehen haben, die aus der Flussfahrt einmal ausgenommen, brauchen wir ein Feuer. Genug Holz liegt in der Umgebung, äußerlich nass, hoffen wir auf die innere Trockenheit. Kunstvoll arrangiert Armin das Zusammengeklaubte. Die kleineren Äste unten, darüber richtige Baumstämme, armdick. Nur wegen des Regens greift er etwas trapperuntypisch zum Dieselkanister und opfert einen halben Liter. Das verbrennende Diesel erzeugt genug Hitze und entflammt ziemlich rasch das innerlich tatsächlich trockene, sehr schwere und harte Holz. Wärme entwickelt sich in der Umgebung und die Stimmung steigt wieder.

Ich packe das Fleisch aus, mehrmals versteckt soll es jetzt seiner Bestimmung zugeführt werden. Sechs große Stücke stehen für uns vier zur Verfügung, das müsste uns satt machen. Liebevoll gewürzt, mit namibischem Steakgewürz und zusätzlich Pfeffer, lege ich es auf das bordeigene Grillgitter und über den mittlerweile schwer glühenden Teil des Feuers. Garwünsche zwischen medium und rare werden entgegengenommen. Zwischenzeitlich schäle ich Kartoffeln und brate sie mit Zwiebeln in der Pfanne über dem Gasfeuer. Das Fleisch, ohnehin über zu heißem Feuer geschändet, schmeckt auch an den Stellen, die sich überhaupt nur schneiden lassen, furchtbar nach alter Kuh. Das Bemühen „meiner Safarigäste" und der große Hunger lassen uns immer wieder versuchen, eine essbare Stelle herauszufinden. Es gelingt nicht. Wir legen die gegrillten Stücke ein paar Meter von uns ab, in die Nähe des Wasserloches, vielleicht lockt es Hyänen an. Ließen sie sich dabei auch noch fotografieren, wäre das eine gute Investition gewesen. (Heute denke ich, wir haben sie mit dieser Fleischqualität vertrieben, wir haben nie mehr welche gesehen.) Die Röstkartoffeln sind sehr gut.

Die ebenfalls mitgeführten Bananen, die zwischenzeitlich deutlich weiterreiften, können uns die verbrannten Vitamine ersetzen. Bernhard übernimmt den Kochlöffel. Mit viel Butter und Cognac werden sie gebraten und schmecken wunderbar, sättigen auch ein wenig. Leider ist die Cognac-Flasche nun nur noch dreiviertel voll. Cognac mit Bananen gilt nicht als Desinfektion und Diarrhoeprophylaxe, es muss die unverfälschte Flüssigkeit sein. Aber so weit sind wir noch nicht. Der schöne südafrikanische Rotwein sollte eigentlich der ideale Fleischbegleiter sein, nun darf er unbegleitet getrunken werden. Die drei Flaschen trinken sich schnell, der anhaltende Regen schickt immer noch verdünnende Tropfen in unsere Gläser.

Ich bin mir nicht mehr sicher, ob der Regen nicht doch nachlässt oder das Feuer, das zwischenzeitlich eine echte Wärmequelle wurde, etwas rund um uns verdunsten lässt. Jedenfalls rücken wir nahe an die Glut und trinken den restlichen Cognac. Natürliche Bettschwere ergibt sich, ich höre noch Regentropfen auf der Zeltplane, Bernhard neben mir schläft längst, hat noch nicht einmal den Reißverschluss schließen können.

In Schrittgeschwindigkeit durch Mopanewäl-
der. Der erste Elefant tritt auf. Alle Wege be-
stehen aus Sand.

Mittwoch, 19. November

Der Regen ist weg, die Sonne scheint – etwas grell vielleicht in den Augen, die aus
einem übernacht dicker gewordenen Schä-
del noch klein heraus sehen. Trotz Frühstück mit Eiern bleibt der Magen flau. Der
Denkprozess ist noch etwas langsam, unsere Fahrt aber auch. Durch dichte Mopanewälder schlüpfen wir mit den Gelände-
fahrzeugen, hören links und rechts die
kratzenden Äste. In der Fahrspur, soweit
man davon überhaupt sprechen kann, liegen Äste, armdick teilweise, vermutlich
von einer durchziehenden Elefantenherde
gebrochen und abgelutscht. Armin springt
immer wieder aus dem Auto, um die Äste
wegzuräumen, einfach darüber wegzufah-
ren wäre zu gefährlich für das Auto. Der
Unterboden könnte Schaden nehmen, noch
schlimmer die Achsen oder Radaufhän-
gungen.

Ich mache mir Sorgen, die Arbeitsverteilung ist nicht gerecht. Armin im vorausfahrenden Auto, später dann Harald, springt immer wieder raus und räumt den Weg frei. Bernhard und ich haben schon die Spur frei und wir kriechen mit den sieben Kilometern pro Stunde einfach hinterher. Der Wald ist so dicht, dass man auch nicht einfach an jeder Stelle sich am Auto vorbeidrücken kann, um mitzuhelfen den Weg frei zu räumen und dann wieder hineinzuspringen in das Auto für die nächsten paar Meter.

Die Strecke ist unendlich mühsam, aber der Spaß bei Armin („das gehört einfach dazu") ist so grenzenlos, dass wir es nicht einmal wagen, einen vielleicht einfacheren Weg vorzuschlagen, wenn es den überhaupt geben sollte. Urplötzlich jedoch weicht der Wald zurück und wir erreichen eine breite, sandige, vegetationsbefreite Feuerschneise. Diese führt direkt zum Linyanti, unserem Tagesziel. Doch wir nutzen sie nicht. Viel interessanter ist die Selinda Spillway-Überquerung durch das Buschland und die Grassteppe. Der Track ist seit Wochen bereits ausgerechnet und auf dem

GPS-System verfügbar. Also, Freunde, auf und durch und über die Bäume gefahren!

Dieser natürliche Spillway ist die Verbindung zwischen dem Flusssystem des Okavango und dem Linyanti-Sumpfgebiet. Über dieses Flusstal erfolgt der Überlauf in die eine oder andere Richtung, je nachdem, welcher Teil mehr Wasser führt. Seit langem ist das jedoch nicht mehr passiert, wir erleben das Tal also trocken, Gott sei Dank. Der Tunnelblick durch die engen Mopanewälder fließt nun aus in eine wunderbare, übersichtliche, mit Büffelgras bewachsene Landschaft. Ich genieße es.

Allerdings ist das Gras sehr hoch, Fahrspuren sind nicht auszumachen und wir verlassen uns auf unser topografisches Empfinden, GPS-unterstützt natürlich. Trampelpfade von durchziehenden Elefanten oder anderem Getier werden schon einmal als Fahrspur missverstanden. Immer wieder korrigieren wir die Richtung, fahren ein Stück zurück, um wieder in den GPS-Track zu kommen. Und dabei geschieht es. Es ist 12:45 Uhr und er steht vor uns: der erste lebende Elefant auf unserer Reise! Ein

Einzelgänger, ein Bulle steht da und wir wissen vor lauter Aufgeregtheit nicht, wie wir ihn fotografieren sollen. Ein paar schnelle Bilder aus dem Auto, er könnte ja wieder verschwinden. Doch der Kerl bemerkt uns, sieht dass wir mit den Autos auf seinem Weg sind, sucht sich eine kurze Umgehung und schreitet an uns, einige Büsche und Bäume knickend, vorüber. Wir lösen uns aus unserer Starre und verfolgen seinen Weg. Jetzt steigen wir gar aus dem Auto aus und richten schon deutlich ungenierter die Objektive auf ihn, jederzeit bereit zurückzuspringen in den Wagen mit dem laufenden Motor. Unser neuer Freund geht gemütlich auf eine kleine Pfütze zu und saugt sich seinen Rüssel voll, verspritzt das Nass um sich herum, dreht uns den Hintern zu und trottet davon. – Es gibt Tiere in Afrika, jetzt ist der Beweis erbracht, und wir dürfen sie sehen!

Sehr viel entspannter halten wir auf Savuti zu. Armin nennt die Piste Savuti Highway. Etwas übertrieben, denn es ist tiefer Sand, den wir durchpflügen. Doch auf den Karten ist dieser Abschnitt gelb und nicht gestrichelt eingetragen. Die Landschaft ist jetzt am Beginn der Regenzeit nicht mehr trocken und herb, wie sie oft beschrieben wird, sondern farbig lebhaft. Abgestorbene Kameldornbäume ragen über die Grasflächen, bizarr, wie in Filmkulissen. Nur kurz verweilen wir, wohl wissend, hierher kommen wir wieder in ein paar Tagen, doch heute müssen wir das Ufer des Linyanti erreichen.

Fotografisch erlegen wir noch ein Warzenschwein und wir sehen die ersten Impala-Herden. Der Bann scheint gebrochen, ab jetzt gibt es die Tiere, die wir schon so lange erwarteten.

Etwas spät erreichen wir den Fluss, der an dieser Stelle Linyanti heißt. Als Rio Cuando entspringt er im Hochland von Angola, durch Namibia fließt er als Kwando River, ab Ngoma heißt er dann Chobe River. Der Campground, lange schon im Voraus gebucht, hat natürlich keine weiteren Gäste außer uns. Wir stellen die Autos zurecht, bauen die Zelte auf und hören und sehen dabei Flusspferde, so gar nicht weit von uns. Ein paar Park-Rancher besuchen uns und machen uns darauf aufmerksam, dass wir noch die Gebühr für den Nationalpark zu entrichten hätten. Unser verschrobener Spezialweg führte uns nicht vorbei an der Zahlstelle und wir versprechen, das morgen nachzuholen.

Bernhard nennt sich, nach seiner geglückten Bananennachspeise, nun Botswana-Winkler und kocht Spaghetti, sehr weich, mit scharfer Sauce aus südafrikanischer Produktion, erworben bei Spar in Windhoek. Ein gutes Essen. Etwas Bier nur fließt auf niedrigem Niveau, ich selbst erkläre den Totalverzicht für einen Tag. Wir sind müde. Ein wenig noch schauen wir in unser Lagerfeuer. Erste Tropfen machen sich bemerkbar. Früh ziehen wir uns in die Zelte zurück. Wieder schläft mein Nachbar schlagartig ein. Ich höre auf das Hippo-Brüllen und mache mir ein paar Sorgen, wie sich der zunehmende Regen, der jetzt deutlich hörbar auf das Zelt schlägt, wohl morgen fahrtechnisch auswirken wird – im großen Linyanti-Sumpfgebiet.

Auf verbotener Route viermal im Sumpf versunken. Schaufelübungen im Sandloch und eine Nachtfahrt. Marabus und Giraffen plötzlich.

Donnerstag, 20. November

Das Grunzen der Hippos blieb, der Regen aber hörte in der Nacht auf, irgendwann. Nach dem Frühstück suchen wir das Park-Office auf und entrichten unsere Gebühren. Zwölf Euro sind es pro Mann und Tag, immerhin. Leider fragen wir, wie der Weg in östliche Richtung, dem Fluss entlang, Richtung Kasane beschaffen ist. Wir dürften nicht durch das private Konzessionsgebiet und müssten in einem Bogen herum fahren, bekommen wir zur Antwort. Die bevorzugte Strecke, längst bearbeitet und auf dem GPS getrackt, soll aber viel schöner sein. Wir „verfahren" uns und folgen dem GPS-Weg. Es fällt uns gar nicht so leicht durch die vielen Wasserlöcher zu kommen. Mehr und mehr werden es, immer größer werden sie. Die Besatzung des vorausfahrenden Fahrzeuges durchwandert immer wieder die Löcher. Das Wasser reicht oft bis weit an die Oberschenkel. Einige erfolgreiche Durchfahrten machen uns Mut, wir schaffen das. Die Landschaft ist faszinierend. Lichter Baumbestand steht um viele natürliche Wasserflächen, überflutete Wiesen. Es mutet wie eine englische Parklandschaft an, bevölkert von allerhand Vögeln. Immer wieder treffen wir auf riesige Exemplare Marabus. Eineinhalb Meter groß sind diese Storchenvögel. Beim Wegfliegen beeindruckt die Flügelspannweite von drei Metern.

Über ein ehemaliges, zumindest wegen Versumpfung derzeit unbrauchbares Flugfeld, beobachten wir eine größere Ansammlung von Giraffen. Fotografisch und filmisch halten wir die Schönheiten fest.

Nicht gerade zügig kommen wir vorwärts. Die inspektorischen Durchwatungen der Wasserlöcher und die Durch- und Umfahrungen kosten viel Zeit. Dann geschieht das Unvermeidliche. Das Vorausfahrzeug bleibt im Schlammloch stecken. Mit bloßen Händen schaufelt Armin den Schlamm unter dem Reifen weg, von der Schaufel fließt nur dünne Brühe. Zweige und Äste werden herbeigeschafft und unterlegt, das Seil montiert. Erstaunlich schwer zieht sich der Wagen heraus aus dem Sumpf. Es gibt dunkle und helle Stellen, die hellen scheinen die mit größerer Stabilität zu sein. Weiterfahren braucht also helle Stellen, nur wo sind die? Trampelnd soll der Weg gefunden werden. Ein erneuter Versuch weiterzukommen endet wieder in einem Loch. Herausziehen müsste zur Routine werden, aber wollen wir das? Jedenfalls gelingt es auf Anhieb, nun zum zweiten Mal. Die Inspektion des näheren Geländes gibt uns keine Hoffnung auf Verbesserung der Bodenstruktur. Schweren Herzens beschließen wir umzudrehen. Beim Umdrehen bleibt das Auto wieder stecken. Erneut werden Prügel unter das ausgeschaufelte Rad gelegt, das Seil montiert und das Fahrzeug rückwärts herausgezogen. Ein Bier aus dem Bordkühlschrank soll uns etwas für unsere Mühen belohnen. Prost, es ist glücklicherweise ein Windhoek Lager, sehr herb, sehr fein.

Der Rückweg sollte nicht schwer sein, fahren wir doch einfach auf den eigenen Spuren durch schon erprobtes Gelände. Weit gefehlt. Wir finden unsere Spuren zum Teil nicht mehr und der Mut durch sehr tiefe

Wasserlöcher zu fahren ist etwas zurück-
gegangen. Alle Vorsicht nützt trotzdem
nicht, in einem tiefen Loch fehlt der
Schwung und es bleibt nicht genug Kraft
herauszukrabbeln. Wir haben heute den
Intensivkurs im Seil befestigen, feste Stelle
für das andere Auto suchen, rausziehen.
Armin wäscht sich zum x-ten male in dem
Wasser rundherum seine Beine und Arme.

Vierzig Kilometer hin und vierzig Kilometer zurück, sechseinhalb Stunden dauerte
der Versuch durchzukommen und nun
stehen wir an der Stelle von heute morgen.
Zweihundertvierzig Kilometer liegen noch
vor uns, die wir auf festerem, zumindest
trockenerem Boden überwinden müssen.
Prinzipiell machbar, doch wollen wir unbedingt eine Nachtfahrt vermeiden. Es ist
schon 15 Uhr. Auf sehr tiefem Sand sitzen
wir auf und wieder geht nichts weiter. Nur
Schaufeln geht im trockenen Sand besser,
als im nassen Schlamm. Erstmals verwen-
den wir die von uns vorsorglich beigepack-
ten Sandleitern (Sandbleche wären besser
geeignet, der Autovermieter hatte aber
keine. Später sprachen wir ihn darauf an
und er erklärte, er wolle gar keine Kunden,

die auf Strecken fahren, auf denen Sand-bleche benötigt würden. – Nun hat er sie doch, diese Kunden.) Nach zwei Schieb-versuchen und einer weiteren Grabaktion bringen wir das Auto auf eine harte Sand-stelle. Armin gibt die Devise aus, nun mit erheblichem Tempo auf dem Sandberg zwischen den Reifenspuren quasi zu sur-fen. Das tun wir. Es funktioniert perfekt. Schwebend und schnell bewegen wir uns auf der ohnehin sehr breiten Straße. Es spielt also keine Rolle, wenn wir hinausge-tragen werden in eine andere Spur. Löcher mit Wasser gibt es dennoch. Soweit sie sich umfahren lassen, es ist meist viel Platz jetzt links und rechts, machen wir das, in eini-gen Fällen pflügen wir langsam durch. Wir feiern uns als Experten.

Vor uns sehen wir einen schräg im Loch sitzenden Jeep. Langsam nähern wir uns, um nur ja nicht festen Boden zu verlieren. Unser Hilfeangebot wird dankbar von den beiden jungen Kerlen angenommen, die schon gar nicht mehr glaubten heute noch befreit zu werden. Verzweifelt haben sie sich über Stunden immer tiefer in das Loch eingegraben. Beherzt springt Armin in den

Schlamm, den er heute so lieben lernte, und schaufelt wieder mit bloßen Händen die Räder, vorne und hinten, frei. Seile zusammenknüpfen und rausziehen, alles klappt, als ob wir es heute schon viermal gemacht hätten. Für die Entgegennahme von Danksagungen haben wir leider keine Zeit, noch nicht einmal den üblichen Manöverschluck mit Bier, wenigstens Cola, gönnen wir uns. Die Strecke vor uns ist noch immer zweihundertzwanzig Kilometer lang und es ist schon 16 Uhr.

Die Straßenoberfläche wird härter, entlang der Siedlungsgebiete ist es eine feste, rotfarbige Gravel Road. Es wird dunkler und dunkler. Die großen Löcher, in denen ein ganzer Reifen versinken kann werden immer erst in letzter Minute erkannt. Vor größeren Straßenabbrüchen wird per Funk vom vorausfahrenden das nachfahrende Auto gewarnt. Sehr praktisch. - Es ist dunkel und äußerste Konzentration ist gefragt. Tiere und Menschen auf den Straßen sind kaum erkennbar. Die letzten achtzig Kilometer dann vor Kasane sind Teerstraße, die wir mit Hundertzwanzig Kilometer pro Stunde heizen, statt der vorgeschriebenen achtzig. Diese Sonderbehandlung haben wir uns verdient.

Dreckig wie wir sind, wird unser Übernachtungsbegehren im Kubu River Camp abgelehnt. Standesgemäßer scheint für uns die niedrigere Kategorie zu sein. Gerne aufgenommen werden wir in einem Bungalow in der Toro Lodge, in Kazungula. Einfach, aber alle freundlich. Das Essen vom Buffet ist gut, das Bier dazu, eiskalt und aus gekühlten Gläsern, ist eines der besten seit langem. Als Nachspeise eine kleine Statistik des heutigen Tages: Zeit in Bewegung 9 Stunden 27 Minuten; Zeit im Stand 6 Stunden 26 Minuten, Gesamtschnitt 20,3 Kilometer pro Stunde.

Ein Auto fällt aus. Die mächtigen Victoriafälle machen uns nass. Kolonialsekt bringt die Stimmung zu neuen Höhepunkten. Mugabes Ende naht.

Freitag, 21. November

Ein Auto muss in die Werkstatt, das Antriebsgelenk links vorne schepperte lange, bis etwas brach. Heute ist ein guter Tag dafür, denn die Reparatur könnte erfolgen, während wir einen Ausflug zu den Victoria Falls unternehmen. Soweit der Plan.

Jetzt die Hürden: das Ersatzteil soll mit einem Kurier aus Gabarone kommen, der botsuanischen Hauptstadt, rund eintausend Kilometer von uns entfernt. Der Werkstattleiter, wir sollen ihn Kelvin nennen, ist sehr engagiert und verspricht: 12 Uhr, Samstag, ist alles fertig gerichtet. Wir loben diese Organisation und die große Hilfsbereitschaft der Menschen. Der Autovermieter in Windhoek wird noch telefonisch informiert und ist schließlich einverstanden mit unserer Vorgehensweise. Namen und Telefonnummer der Werkstatt geben wir ebenfalls durch, damit Querverbindungen laufen können. Die Tour muss also nicht verändert werden, wir schaffen alles.

In der Toro Lodge zurück, fragen wir nach den Möglichkeiten zu den Victoria Wasserfällen zu kommen. Kazungula war schließlich auch schon der Ausgangsort für Dr. Livingston bei der Entdeckung der Wasserfälle, damals im Jahre 1855, es war, glaube ich, sogar der November 1855. Ideal also der Ausgangspunkt auch für uns. Wir haben allerdings nicht Monate Zeit, ein paar Stunden immerhin. In dem Vierländereck, Botswana, Namibia, Sambia und Simbabwe, ist lebhaftes Treiben und es ist gar nicht schwer, diesen Ausflug zu organisieren. Mit einem Jeep sollen wir zur Grenze gebracht, auf der anderen Seite dann abgeholt und direkt zu den „Vic Falls" transportiert werden. Die in Aussicht gestellten Kosten sind überschaubar: fünf Euro botsuanischer Transfer, zwanzig US-Dollar für die siebzig Kilometer zu den Fällen, zwanzig Dollar Eintrittsgebühr, dreißig US-Dollar für das Tagesvisum. Den besten Blick auf die stürzenden Wassermassen bekommt man von Simbabwe aus, obwohl die Wasserfälle selbst zu Sambia gehört. Aufgrund der politischen Situation gehen wir davon aus, nach Sambia gebracht zu werden und wundern und freuen uns, als wir doch an der simbabweschen Grenze stehen. Es wird also optimal.

Die Fahrt in dem Kleinbus, der nur für uns fährt, ist angenehm. Die Reiseführerin erzählt etwas über die Unzulänglichkeiten von Simbabwe, betont aber, sie wären ein ganz besonders friedliebendes Volk. Ärzte und Lehrer gäbe es zwar gerade nicht ausreichend, sie verlassen das Land, wenn es nur irgendwie geht. Armut ist, wie Aids, weit verbreitet. Die Viktoriafälle heißen für die, die der ehemaligen englischen Königin nicht so nahe stehen, und im Land findet man davon viele, Mosiwatunja. Sehr kompakte Informationen während der dreiviertel Stunden durch den Regen, der erst kurz vor Victoria Falls Village endet. Eine vollkommen langweilige nichtssagende Stadt. Der größte Arbeitgeber dort ist ein Unternehmen, das Raftingtouren organisiert, sagt man uns.

Etwa eineinhalb Kilometer geteerte Wege führen an der Oberkante der Schlucht vorbei, in die das Wasser stürzt. Die Ausblicke sind perfekt. Da wir früh in der Regenzeit hier sind, stürzen nicht gar so große Wassermassen hinab, wir sehen also ungewöhnlich deutlich auch das Aufschlagen des Wassers. Von dem „donnernden Rauch" ist schon viel geschrieben worden und ich möchte nicht noch weitere Enthusiasmen hinzufügen. Das aufschäumende Wasser steigt tatsächlich etwa zweihundert Meter auf und fällt dann als Regen zurück. Wir werden anständig nass. Durch diese ständige Bewässerung entwickelt sich, oder hält sich, ein schöner Tropengarten zwischen den Wegen. Erstaunlich nahe darf man am Rand des Grabens entlanggehen. Es ist ein Leichtes hinunterzufallen, hinunterzuspringen ist noch viel leichter. Ich weiß nicht, ob das viele Todeswillige nutzen. Ein spektakuläres und endgültiges Ende wäre es in jedem Fall. Gedenktafeln sieht man keine, abgesehen von der am Fuße der Bronzestatue von Livingston (der aber natürlich nicht gesprungen ist). Ohne Gedenktafel jedenfalls ist so ein Sprung irgendwie doch nicht nachhaltig. Wem teile ich meinen Verbesserungsvorschlag mit?

Die Fälle sind so schön, dass die Engelein im Fluge innehalten, um einen Blick darauf zu werfen, soll Livingston gesagt haben. Vielleicht hält auch das eine oder andere Engelein inne, um zu sehen, ob ein neues aus den Fluten steigt? Niemand weiß es.

Auf dem Programm ist auch ein Blick auf die bekannte Brücke, die um die Jahrhundertwende des vorigen Jahrhunderts entstand. Sie verbindet Simbabwe mit Sambia. Von der Mitte der Brücke kann man mit einem Bungie-Seil über hundert Meter hinabstürzen. Sehr nervenkitzlig, stelle ich mir vor, habe aber keinerlei Nachahmungsgedanken. Neunzig US-Dollar, ein Reisepass und nicht mehr als hundertvierzig Kilo Körpergewicht sind die einzigen Voraussetzungen. Ich erfülle wirklich alle Voraussetzungen, ob ich nicht doch …?

Mit den gesparten neunzig Dollar will ich in das älteste und bekannteste Hotel am Platz gehen und Wein oder Champagner trinken. Das Victoria Falls Hotel gibt es seit

1904 und ist schönes Exempel britischer Kolonialmacht. Unseren Fahrer und die ebenfalls schwarze Reiseleiterin laden wir gleich mit ein, was vor uns wohl noch niemand tat. Wir trinken Tee, Kaffee und vor allem: südafrikanischen Sekt (Champagner gibt es nicht). Er könnte kühler sein, aber der Blick von der Terrasse auf die Brücke, das Glas in der Hand, ist höchster Genuss. Die Fälle selbst sieht man nicht, aber man erkennt an den aufsteigenden Wasserwolken genau, wo der Sambesi hinab fällt. Der schöne Rasen vor der Terrasse ist gleichsam englisch. Würde man hier wohnen, könnte man dreimal täglich zu den Fällen gehen und sie in unterschiedlichem Licht betrachten. So etwas stelle ich mir schön vor. Hier ist alles nass, auch den Wein gibt es nicht trocken. Meine Frage danach wird im Kreise der anwesenden Kellner diskutiert und man stellt fest, es wäre wohl eher etwas Süßes da. Die Vorschläge, die kommen, bestätigen das. – Die Rechnung für uns alle macht dann fünfundvierzig amerikanische Dollar. Die simbabwesche Reiseleiterin ist entsetzt, ich finde es eher günstig, aus der Hotelperspektive natürlich nur, nicht aus der Landeseinkommenssicht. Ich bezahle mit Kreditkarte. Eine Maschine dafür gibt es nicht, ein Formular wird dazu ausgefüllt (auf die Abrechnung bin ich neugierig). Um die Möglichkeit der Amerikadollarzahlung bin ich froh, denn der Zimbabwe-Dollar steht gerade bei 54 Milliarden für einen US-Dollar. Mit den Nullen käme man schnell aus dem Tritt. In dem Touristenort Victoria Falls gibt es gerade im Schwarzmarkt 150 Milliarden für einen US-Dollar. Ich gebe Mugabe noch drei Monate Amtszeit. (Hoffentlich hält er sich daran.) - Auf den Kauf von Souvenirs verzichten wir und lassen uns zurückbringen.

Die erneute Aus- und Einreise ist wieder absolut unproblematisch. Ein so perfekter Tag soll auch noch ein schönes, gepflegtes Dinner bekommen. Unserer Lodge trauen wir das nicht zu. Die berühmte, 1959 gegründete, Chobe Safari Lodge soll es ein. Etwas afrikanische Musik tönt aus dem Barbereich herüber, hört aber leider schon auf, bevor wir uns hineinleben. Das Buffet ist gigantisch groß und ich esse eigentlich alles während der nächsten zwei Stunden. Das Safarivolk, das in dieser Lodge-Kategorie lebt und von ihr transportiert wird, also nicht selbst fahren darf, ist müde schon um 21 Uhr und geht in die Zimmer. Wir brechen auch auf, notgedrungen, in der Hoffnung, noch ein Bier in der heimischen Unterkunft zu bekommen. Es gelingt nicht, nur das Wachpersonal lungert herum und darf nichts ausschenken. Es bleibt das Bett und die eigene Müdigkeit freut sich, dass ich ihr endlich einmal nachgebe. Morgen soll es schon früh raus gehen, ein Weckruf für 5:30 Uhr ist bestellt, im Morgengrauen wollen wir einen Game Drive unternehmen, nicht selbst fahren.

Ein Löwe taucht auf, aber kein Ersatzteil. Alles ruht. Es sammeln sich Dinner-Höhepunkte.

Samstag, 22. November

Der Weckruf kommt nicht, wir wecken uns gegenseitig und sind um 6 Uhr abmarschbereit. Unser Führer taucht um 6:30 Uhr auf, rechtzeitig, wie er glaubt. Nun, er kennt die Gewohnheiten der Wildnis, er wird schon wissen, wann sie erwacht oder sich von nächtlicher Jagd erholt. Die Anfahrt in den Chobe Nationalpark dauert zwanzig Minuten. In dem offenen Jeep ist die verhältnismäßig schnelle Fahrt auf der Teerstraße gar nicht so angenehm. Vielleicht hundert Meter vom Straßenrand entfernt und noch längst nicht im Park, sehen wir einen jungen Elefanten. Ich fotografiere ihn zur Sicherheit, vielleicht ist es das einzige Großtier heute. Die Teerstraße blende ich aus.

Die Tour geht entlang des Chobe Rivers. Die Landschaft ist ausgesprochen günstig für Tierbeobachtung, da sie übersichtlich und nicht zu buschig ist. Es fällt mir auf, dass geführte Touren immer mit irgendwelchen Vögeln beginnen. Die Aufmerksamkeit der Safariteilnehmer am Anfang ist noch ungeheuer hoch und ein Weißrückengeier aus dreihundert Meter Entfernung, in einem zwanzig Meter hohen Baum bekommt noch all die Aufmerksamkeit, die er am Ende der Tour niemals mehr bekommen würde. Dankbar wird er fotografiert, ebenso wie ein Adler, der aber wieder einmal im falschen Licht sitzt.

Schön anzusehen sind die hier gar nicht so scheuen Impalas (Schwarzfersenantilopen). Zahlreiche, vielleicht einwöchige Jungtiere wuseln zwischen den Erwachsenen herum. Es wird uns erzählt, Impalas können die Tragezeit hinauszögern und auf den Einsatz der ersten Regenschauer warten. Wenn das Buschland dann Blätter bekommt, gibt es eine bessere Unterschlupfmöglichkeit und die Überlebenswahrscheinlichkeit der Jungtiere ist dadurch höher. Der Höhepunkt des Game Drive ist aber der Besuch einer Löwendame (wir besuchen sie, umgekehrt wäre es natürlich auch interessant). Ziemlich nah fährt das Auto heran und es ist ein Leichtes, das müde Tier zu fotografieren. Leider ist die

Dame derzeit alleinstehend und öffnet für uns nicht einmal die Augen, bewegt aber den Kopf und wir wissen, sie ist zumindest echt. Dreißig Fotos von der Warzenschweinfamilie werden zuhause nachbearbeitet werden müssen, aber die Familie ist einfach bereit, sich von allen Seiten belichten zu lassen. Die Rückfahrt, ganz nah am Fluss entlang, beschert uns noch Storch und Krokodil. Wir sind zufrieden und die Löwin ist uns schließlich einen Extra-Tip an den Fahrer wert.

Das Frühstück um 10 Uhr schmeckt uns Neu-Ranchern sehr. Um 12 Uhr kommt die nächste große Stunde: wird unser Auto fertig repariert da stehen? Wir ertragen das Warten nicht und fahren schon eine Stunde früher hin, um eine Stunde früher zu erfahren, dass der Kurier mit dem Ersatzteil heute nicht ankam. Keiner weiß warum, keiner weiß, wo der Kerl überhaupt steckt. Folgende Pläne schmieden wir: a) der Autovermieter aus Windhoek bringt uns ein neues Auto, b) wir montieren das Dachzelt des havarierten Autos um und fahren mit nur einem Fahrzeug weiter, c) die afrikanische Art, wir hoffen auf eine Lösung am

Montag, denn für Sonntag wagen wir schon gar keinen Plan zu machen. Es kommt anders.

Einige Telefonate mit dem Autovermieter in Windhoek, sie sprechen dort alle deutsch, ergeben, wir würden ein Ersatzteil am Sonntag bekommen. Ingo, der Inhaber der Vermietung, wird es uns persönlich bringen, sich sofort in das Auto setzen und um 10 Uhr sonntags hier sein können. Master Kelvin, der Werkstattleiter in Kazungula, verspricht seinerseits auch, persönlich am Sonntag (er ist Christ, war aber schon am Samstag in der Kirche) für uns da zu sein und das Ding einzubauen. Irgendwie glauben wir das. Unsere Back-up-Lösung ist dann Version b), denn spätestens um 13 Uhr müssen wir am Sonntag los, sonst gibt es zu viele Einschränkungen gegenüber der ursprünglichen Planung.

Zurück in der Toro Lodge verlängern wir um eine Nacht. Der Nachmittag wird zum Ausruhnachmittag. An der Bar trinken wir erst einmal ein leichtes St. Louis (3,5 % Alkohol), essen Sandwiches, deren Vorbereitung gut und gerne eine dreiviertel Stunde benötigen (kein Wunder, das Toast musste geröstet werden). Vor dem Bungalow lesen und schreiben wir etwas, einige schlafen ein Stündchen. In der feinen Chobe Marina Lodge wollen wir heute das Dinner einnehmen, darauf lohnt sich schon zu warten.

Die Marina Lodge ist von hohen Mauern umgeben und gleicht von der Straße aus eher einer Festung. Die Einfahrt mit unserem verdreckten Auto ist dennoch kein Problem, Dinner-Gäste sind wohl gerne gesehen und die augenblicklich schlechte Buchungslage (Regenzeit) erlaubt Extraumsätze auf diese Weise. Ich suche das Restaurant, um schon einmal einen Tisch zu reservieren, im Falle es doch Engpässe geben sollte. Obwohl es nachmittags heftig regnete und jetzt auch noch deutlich von oben nässt, entscheide ich mich für das überdachte Außensitzen. Milde fünfundzwanzig Grad haben wir noch in jedem Fall. Eine schwarze Tanzgruppe, mäßig bekleidet, macht sich mit ihrem Singsang auf den Weg zur Bar und wir folgen ihr, es ist ohnehin die richtige Richtung um diese Zeit. Wunderbare Bilder gelingen. Das

Spektakel auf der einen Seite und die gerade über dem Fluss, zwischen den Wolken, untergegangene Sonne auf der anderen Seite nehmen uns gefangen. Die ganze Zeremonie scheint eine tägliche zu sein, denn Gäste, außer uns und ein altes, englisch anmutendes Paar, sind weit und breit nicht zu sehen. Wir genießen es umso mehr. Strauß-Carpaccio, danach T-Bone Steak für die einen, geröstetes Krokodil und Fischcurry für die anderen, südafrikanischer Rotwein, alles hervorragend und wunderbar passend zum gesamten Ambiente. In der Bar haben wir beim Aperitif das Versprechen hinterlassen, wieder zu kommen und wir freuen uns auf dessen Einlösung. Die Nacht pro Person im Doppelzimmer kostet über dreihundert US-Dollar, das Dinner nur etwa dreißig Dollar. Die gewählte Kombination, billig Schlafen und gut Essen, ist in jedem Fall glücklicher, als umgekehrt. Schön, wenn man alles richtig macht!

Die Mädchen an der Bar haben keine echte Ahnung, was sie verkaufen oder einschenken, aber sie sind lieb und freundlich. Wir trinken ziemliches Durcheinander und las-

sen die Bardamen experimentieren. Letztlich fühlen wir uns desinfiziert und bereit
für die Heimfahrt. (Bernhard wollte heute
eh nichts trinken und er darf deshalb fahren.) – Morgen müssen wir aber unbedingt
raus aus der Kasane-Ecke.

Die Autos funktionieren wieder und werden zu Wasserfahrzeuge. Elefanten und Giraffen auf Sonntagsspaziergang.

Sonntag, 23. November

Gemütlich legen wir das Frühstück an, entscheidend ist der 10 Uhr-Termin: kommt das Ersatzteil die eintausendfünfhundert Kilometer aus Windhoek? Um 9 Uhr steht ein großer, weißer Mann vor unserem Frühstückstisch, stellt sich mit Ingo vor und sagt, er hätte ein Ersatzteil für die Caprivi-Car-Hire-Fahrer dabei. Wäre Ingo nicht so groß und stark und kein Mann, man hätte ihn umarmen wollen. Die Freude ist übergroß und er wird es auch so bemerken. Vertrag hin oder her, selbstverständlich sind solche Leistungen nie. Harald fährt mit ihm sofort zur Werkstatt, dort steht das defekte Auto schon aufgebockt parat. Der Einbau dauert nicht einmal eine Stunde. Ingo rauscht sofort ab, zurück nach Windhoek.

11:30 Uhr sind wir abfahrbereit. Es ist höchste Zeit, zweihundertzwanzig schwere Kilometer in Sand und Wasser sind zu bewältigen. Savuti ist das Ziel. Zwischenzeitlich gibt es auch wieder Diesel, das es die letzten Tage wegen eines LKW-Fahrerstreiks nicht gab. Ein guter Tag. Schon bald treffen wir auf eine Elefantenfamilie beim Sonntagsausflug und ein paar Kilometer weiter kreuzen weitere zwei schöne graue Dickhäuter unsere Fahrspur und geben uns ausreichend Zeit, sie in jeder möglichen Stellung abzulichten. Giraffen gibt es heute im Sonderangebot, so viele haben wir noch nie gesehen. Eine riesige Zebraherde lässt uns nahe genug herankommen für viele Bilder mit traumhaftem Vorder- und Hintergrund. Ein guter Tag (sagte ich schon, trotzdem)!

Felsiger, fester Boden über weite Strecken, immer wieder aber Wasserdurchfahrten; mutig fährt das erste Auto zügig durch, das zweite bleibt mindestens im Seilabstand dahinter. Immer wieder sind es glückliche Momente, wenn sich die Räder hinaufbewegen an den rettenden Rand. Bei ganz schweren, schlammigen Wasserlöchern schalten wir auf die Untersetzung, legen den zweiten Gang ein, und mit viel Kraft und hohen Touren geht es hinein ins hoffentlich richtig berechnete Nass. Die Funksprüche des Vorausfahrzeuges beschreiben die Eintauchtiefe und das zu erwartende Rumpeln. Ein neuer Superlativ begegnet uns: das Wasser ist so tief, dass es über der Motorhaube zusammenschlägt und auch noch über die Windschutzscheibe schwappt. Nur nicht vom Gas, nur nicht den Motor abwürgen, Wasser darf auf keinen Fall in den Vergaser eindringen. Auspuff und Luftansaugung sind nicht nach oben geführt (wäre ein Verbesserungsvorschlag an den Vermieter, den er wahrscheinlich wieder damit parieren würde, dass er solche Leute gar nicht will, die durch so tiefes Wasser fahren). Das Bier nach diesem Manöver schmeckt wunderbar. Foto für die Nachwelt gibt es keines, zu groß war die Aufregung. Noch einmal durchfahren und filmen und fotografieren? Nein, wir wollen das Glück der gelungenen Durchfahrt nicht provozieren. Manche Dinge sind eben nicht vorführ-, nicht kommunizierbar, man hat sie selbst zu erledigen (also, lieber Leser auf und hin!).

Dieser Tag hält noch etwas bereit. Die Straße mündet in einen See. Das kann nicht sein, das Wasser stammt sicher aus der Überflutung der Regentage zuvor? So muss es sein! Unterhalb des fließenden Wassers verläuft die Strecke, hoffentlich hart und fest - so wird es sein. Doch das Wasserfeld ist lang, sehr lang. Die Autos können keinen Abstand halten, müssen hintereinander herfahren, eine Umfahrung gibt es ohnehin nicht, links und rechts sind die Bäume und Büsche so stark und eng gewachsen, unmöglich sie umzusägen oder einfach nieder zu fahren. Die ersten fünfzig Meter gehen gut, das Auto ist bis zur Stoßstange im Wasser, der Auspuff also schon unter der Wasserlinie. Der Motor muss unbedingt laufen. Die nächsten hundert Meter lassen sich ebenfalls in Anspannung überwinden. Noch einmal zweihundert Meter, wir bieten alle Konzentration auf, wollen nicht ausrutschen hinein in ein Elefantenloch, unsichtbar unter der schön spiegelnde Oberfläche. Sehr fotogen alles im späten Nachmittagslicht (keiner fotografiert jetzt). Würden wir jetzt auf das Trockene klettern, wären wir erleichtert und würden stolz zurückblicken. Doch der Fluss auf unserem Weg läuft weiter und wir sehen das Ende noch nicht. Nach eineinhalb Kilometern etwa verläuft das Wasser in eine Senke und bildet einen See neben der Fahrspur und wir stehen auf trockenem Boden. Der Stolz, es geschafft zu haben verkümmert neben dem Glücksgefühl, wieder trocken zu stehen.

Unendlich schnell wird es nun dunkler und dunkler und zu viele Kilometer liegen noch vor uns. Werden wir es schaffen, das Camp zu erreichen? Ein ganz kleiner Fotostopp muss noch sein, der wolkenzerfaserte Himmel mit seinen Rot-, Gelb- und Tiefblautönen ist einfach faszinierend. Das Foto wird kitschig-schön. Eine Stunde Nachtfahrt überstehen wir. Interessant ist es, mit den Lichtern in die Wasserlöcher einzutauchen, es wird plötzlich dunkel – auf dem Gas bleiben! – dann strahlt es wieder in die Umgebung. Nachtaktive Tiere sehen wir nicht, zu sehr bannt der Weg die Aufmerksamkeit.

Das Camp findet sich, die Autos werden zur Wagenburg zusammengefahren und erst einmal ein Bier getrunken. Eine erste, kurze Autoinspektion ergibt leider: das gleiche Problem des ersten Autos haben wir nun beim zweiten Auto. Jedoch an diesem Platz sind wir unerreichbar für Ersatzteillieferer. Die Allradfähigkeit ist praktisch verloren.

Morgen, morgen sehen wir weiter.

Ein neuer Schaden taucht auf, ebenso wie zahl-
reiche Hippos aus ihrem Pool. Angst vorm
Sumpfgebiet ändert die Route.

Montag, 24. November

Früh stehen wir auf, sehr früh für meine
Verhältnisse: 6:15 Uhr. Die Luft ist um diese Zeit wunderbar frisch, nicht kalt, sie
fühlt sich sanft an auf der Haut. Zuhause
ist diese frühe Zeit unerträglich. Noch vor
dem Frühstück bemühen sich Harald und
Armin um das Auto, inspizieren noch einmal die rechte Seite der Vorderachse. Auch
ich kann erkennen, worum es geht, nur für
die Benennung der Teile fehlen mir die
richtigen Vokabeln. Es gibt einen Käfig um
ein Kugellager, der gebrochen ist. Bei Be-
lastung und durch Sandreibung können
die Kugeln herausgescheuert werden. So
etwa. Zwei Kugeln von sieben oder neun
haben wir schon verloren. Mit der zur
Wasserspritze umgebauten Luftpumpe
spülen wir das Lager aus, so gut es geht
und verdrahten die Gummihülle, die vor
eindringendem Wasser und Sand schützen
soll. Im Übrigen heißt es, möglichst auf die
Allradfunktion verzichten, um nicht unnö-

tig weitere Last auf dieses Teil zu bringen. Keine gute Aussicht, insbesondere, wenn wir mit der gleichen Straßenqualität konfrontiert werden wie in den vergangenen Tagen.

Perlhühner, früher, in den tierfreien Zeiten der ersten Tage, noch verfolgt und fotografiert, picken um unsere Frühstücksbrösel herum. So nah sie sind, lassen sie sich doch nicht fangen. Ein paar Federn hält Armin in der Hand nach einem fast erfolgreichen Versuch. Gar nicht beleidigt ob dieser Attacke kommen sie wieder und wieder, ebenso einige Erdhörnchen. Ein Rotschnabeltoko posiert auf dem Ast lediglich zwei Meter entfernt. Bei all dieser Boden und Astbeobachtung übersehen wir den kreisenden Raubvogel über uns. Lediglich im Augenwinkel und sehr spät spüre ich es eher, als dass ich den auf unsere Eierschachtel herabstürzenden Vogel sehe. Mit Kampfgeschrei will er ein Ei fassen, verfehlt es nur knapp, wirft es vom Tisch und entflieht mit einem Teil der Verpackung. Ich habe Angst um meine Salami und sehe ihn schon wieder kreisen. Himmelwärts werfe ich Stöckchen, um ihn letztlich erfolgreich zu vertreiben. Schön.

Das Tagesziel ist noch ungewiss. Der Plan sieht die Fahrt in den Moremi-Park vor. Diese sumpfige Gegend im Okavango-Delta könnte aber wegen der Regenfälle in den vergangenen Tagen schwer erreichbar sein. Der Park-Rancher am Eingang des Nationalparks sollte uns Auskunft geben können. Die Leute sind etwas wortkarg, bemerkte ich immer wieder. Ich traue den Informationen nur sehr bedingt, will aber offen bleiben für Ratschläge und Empfehlungen und nicht meine Sorgen hineinmischen in den Auskunftsinhalt. Zumindest nehme ich mir das vor.

Wieder braucht es so seine Zeit, bis wir abfahrtbereit sind. Die Sonne brennt herab und die Aufräumarbeiten bringen uns zum Schwitzen. Mit den gepackten Autos fahren wir zur elefantensicheren, bunkeranmutenden Duschanlage (Elefanten zerstören in Trockenzeiten alles, was nach Wasser riecht, auch Toiletten). Ein Ranger empfahl uns gestern noch, nur nicht nachts zu Fuß zu den Waschanlagen zu gehen, es wäre zu gefährlich. Das befolgten wir natürlich, stinken ist gesünder, als gebissen zu werden. Eine kleine Schlange (sieht aus wie eine kleine Viper, dünner Körper, dreieckiger Kopf, noch sehr jung) sehen wir in der Waschanlage, sie flüchtet bevor sie sich genauer bestimmen lässt. In den Waschbecken und Toiletten ist es durchaus angebracht nach Skorpionen oder Schlangen Ausschau zu halten. Heute sehen wir die Schlange, den Skorpion entdeckte Armin an der Armatur einer Dusche vor zwei Tagen schon.

Letztlich kommen wir um 10:30 Uhr weiter. Aus der Savuti-Ebene ragen ein paar Hügel heraus, die in der möglichen Überflutung als Inseln auszumachen wären. Einen dieser Hügel nennt man „Buschmann-Painting-Hill", an dessen Nordostseite, nach einem leichten Aufstieg von etwa zehn Minuten, Felszeichnungen zu sehen sind. Sie sollen drei- bis viertausend Jahre alt sein. So frisch, wie diese Zeichnungen aussehen und so ungeschützt vor Wind und Regen sie sind, bezweifeln wir stark die Echtheit. Vielleicht werden sie einfach jährlich nachgemalt? Italienische Verhältnisse im südlichen Afrika? Vorstellbar.

Wir fahren wieder ein Stückchen des Savuti-Highway. Eine überaus schmeichelnde Bezeichnung für einen Pfad, dessen Wasserlöcher so tief sind, dass wir bis zur Stoßstange ständig eintauchen. Die ersten zehn Kilometer fahren wir durch vielleicht dreißig solche Löcher. Aber wir sind geübt und wir haben unseren Spaß dabei. Beim Verlassen des Chobe Nationalparks fragen wir nach dem Zustand des Weges nach Moremi. In der bekannt wortkargen Art ergeht die Auskunft, es gäbe viel Wasser. Ob man hinein fahren dürfe? Ja, viel Wasser aber. Armin ist begeistert. Seine Zusammenfassung an uns heißt, es ist nicht verboten hinein zu fahren, also geht es, also tun wir es.

Das fast fünftausend Quadratkilometer große Reservat im Nordosten des Okavango-Deltas ist bekanntermaßen eines der schönsten und abwechslungsreichsten Wildreservate in ganz Afrika. Nur: es ist verdammt nass zurzeit. Schon weit vorher durch- und umfahren wir schon grausame Wasserstellen. Eines unserer Autos ist nur bedingt oder gar nicht allradfähig, das macht mich noch zimperlicher. Die Zeit ist auch schon fortgeschritten, in keinem Fall werden wir den bereits vor Monaten gebuchten (und bezahlten) Campground erreichen. In jedem Fall wird es eine wilde Zelterei, auf festem oder nassem Grund? Nicht vorhersehbar.

Dann der schwere Entschluss umzudrehen. Erleichterung und Bedauern schafft er gleichermaßen. Es hätte der Höhepunkt der Reise, es hätte das Desaster der Reise werden können. Trösten wir uns damit, dieses Gebiet in einem anderen Jahr, weit weg von der Regenzeit, noch einmal zu besuchen. Jetzt überwiegt wieder die Erleichterung. Es geht Richtung Maun, dem Südzipfel des Deltas. Eklige und tiefe Lastwagenspuren auf der Hauptstraße lassen uns nach geeigneten, interessanten Umfahrungen suchen. Dabei entdecken wir wunderschöne Landschaften entlang des River Quai. Die Überfahrt über den reichlich Wasser führenden Fluss auf einer Holzbalkenbrücke, vier Bäume für den linken, vier Bäume für den rechten Reifen, macht uns etwas nervös, aber wir schaffen es selbstverständlich.

Nun wird es 17 Uhr, das Licht ist günstig für die Fotografen und die Landschaft spektakulär. Zufällig treffen wir auf einen Campground, der schöner nicht sein kann. In dem Wissen, das Nachtlager wird ein gepflegtes werden, nehmen wir uns viel Zeit. In dem etwa fünfhundert Meter entfernten, wunderschönen Sumpfbiotop - der River Quai verläuft hier etwas und bildet größere und kleinere Seen – beobachten wir ausgiebig die Hippos, die sich in einem der natürlichen Pools suhlen. Noch nie waren wir diesen kraftvollen, gemütlich wirkenden Säugern näher. Nach den ersten, schnellen Bildern, die nur Augen und Ohren zeigen, kommt die Show der Tiere. Sie reißen das Maul auf und wir haben das Katalogfoto! Flusspferde sperren das Maul auf, wenn sie drohen. Uns drohen sie nicht, nicht dieses Gefühl haben wir. Es ist ein einfaches Gähnen, wie es scheint. Egal, auf den Bildern sieht es gefährlich aus.

Nach hundert Bildern, pro Fotograf, fahren wir auf den Campground und bauen die

Dachzelte auf. Die Gewitterstimmung um uns herum beeindruckt im Licht der untergehenden Sonne und malt kräftige Rot- und Gelbtöne in den Himmel. Sehr schön anzusehen. Aber was essen wir, wenn es zu regnen beginnt? Für den allerersten Hunger öffne ich zwei Fischdosen und wir essen zwei Tage altes Brot dazu. Rundherum scheint es zu regnen, doch wir leben auf einer trockenen Insel offensichtlich. Bernhard, er lässt sich jetzt auch gerne Savuti-Winkler nennen, nachdem sein T-Bone Steak letzte Nacht wirklich gut geglückt ist, lobt Risotto aus. Es wird auch höchste Zeit, die Reisreserven, ausreichend für zwei Familien über eine Woche, anzugreifen. Mit Erbsen aus der Dose farblich etwas akzentuiert, langsam in Fleischbrühe (ja, haben wir auch dabei!) unter ständigem Rühren leicht simmern lassen, kann es unseren Unterzucker beheben. Nur das Bier muss jetzt rationiert werden, Cola ist noch ausreichend da, aber wir haben dafür kein Geschmackskorrigent mehr, seit uns Jim B. verlassen hat.

Gesättigt und vollkommen nüchtern, beschließen wir mit unseren starken Lampen eine Nachtwanderung zu machen. Die Flusspferde könnten ja nachts das Wasser verlassen haben und auf den umliegenden Wiesen grasen. Immer wieder hört man ihr Grunzen. Das wollen wir sehen. Nachtaktive Tiere könnten wir auch einmal, abseits des Motorengeräusches erleben, so der Plan. (Um es vorweg zu nehmen: außer einem Frosch sehen wir gar nichts.) Mit Stöcken bewaffnet, machen wir uns auf den Weg und finden eine frische Leopardenspur über unserer alten Reifenspur. Aha, hier ist schon etwas los, doch findet es offensichtlich ohne uns statt. Funkelnde Augen, die unser Licht grün reflektieren, hoppeln davon – leider nur Hasen. Hippos beim Grasen? Keine. Wir gehen zurück, sehen unseren Frosch noch mal, sagen ihm Gute Nacht und verkriechen uns selbst ins Zelt. - Abenteuerliches Afrika muss sich entwickeln, man darf es nicht suchen.

Ein Rundflug vertreibt alle Tiere und ein Mittagessen geht durch den Kopf. Wiedergeburtsfeier mit Brandy.

Dienstag, 25. November

Der Morgen gehört nochmals der Flusspferdlandschaft. Schließlich hat sich das Licht verändert und die vielen Wasservögel haben auch etwas mehr Aufmerksamkeit verdient. Die Bilder gleichen sich jedoch, empfänglicher wird man aber für die Details der Landschaft. Die sich in den Wasserflächen spiegelnden Bäume, langsam stolzierende Marabus (haben sie vielleicht unseren Froschfreund von gestern heute schon verspeist?), all das braucht etwas Niederschlag in der Seele. Dafür gibt man die eine oder andere Wasserlocherinnerung hin. Es funktioniert.

Auf einer breiten, staubigen Gravel Road erreichen wir schon gegen 13 Uhr Maun. Ein lebhaftes Städtchen, das mit den Touristen leben gelernt hat. Schön ist es gar nicht, gut genug aber als Ausgangspunkt für einen Flug über das Delta. Kaffee und Bier in einem Straßecafé, dafür haben wir jetzt auch noch die Zeit. Der Flughafen ist ganz in der Nähe, quasi um die Ecke, alles ist hier auf verhältnismäßig kleinem Raum. Mehrere Fluggesellschaften bieten die sogenannten „Scenic Flights". Unsere Entscheidung ist eine Zufällige. Einhundertachtzig Euro umgerechnet ist ein Preis, den wir für die fünfsitzige Cessna zu bezahlen bereit sind. Für mich ist es noch ein nachträgliches Geburtstagsgeschenk und ich freue mich schon sehr darauf, wenn es dann um 16 Uhr losgehen wird. Eine Stunde lang sollen wir über den Wassern und Sümpfen schweben. Sorgen machen wir uns alle um Armin, der schon so beim Herflug litt. Keiner spricht es an. Armin selbst gibt den Fröhlichen, der sich selbst nur verordnet, immer einen Horizont vor Augen haben zu müssen. Ein paar Tropfen Paspertin zwingt Bernhard noch in ihn hinein.

Der Platz rechts neben dem Piloten scheint uns für Armin geeignet. Fünfzehn Minuten und einige thermische Rumpler später tauscht unser Freund und Reiseleiter die Filmkamera gegen einen Spuckbeutel und nützt weitere in den nächsten fünfundvierzig Minuten bis zu Landung. Auch mir wird etwas mulmig, die Luft im kleinen Flieger verschlechtert sich auch, seit einer der Beutel riss und das Mittagessen sich im angedauten Zustand über Armins T-Shirt und Hose verteilt. Der Pilot bleibt aber auf seiner Route, er sieht keine Indikation für eine Notlandung. Die Landschaft unter uns, wir überfliegen sie etwa in fünfhundert Meter Höhe, zeigt mäandernde Bäche und Flüsse durch gelbgrünes Sumpfgebiet. Keine Tiere, von einer einsamen, einen langen Schatten werfenden Giraffe einmal abgesehen. Die Erwartungshaltung lag bei Büffel- und Elefantenherden. Vielleicht vertreibt auch unser Flugzeug das ganze Getier? Doch diese nasse Zeit zwingt die Tiere nicht in das Wassergebiet, es gibt im Busch rundherum viel genug zu trinken und zu fressen, das ist unser Pech.

Essen und trinken sind genau die zwei Dinge, von denen Armin nach der Landung nicht viel wissen will. Ich verschreibe eine eiskalte Cola. Die kalte Flasche aus unserem Bordkühlschrank legt er ins Genick. Es ist nicht leicht, in unser Chalet zu kommen, befolgt man seine Anweisung:

nicht zu schnell, nicht beschleunigen, nicht bremsen und keine Kurven fahren. Zuhause legt er sich sofort ins Bett und wir sind auch froh, ihn an sicherem Ort zu wissen. Ab jetzt geht es für ihn nur noch bergauf – hoffentlich.

Wir Überlebenden fahren noch zum Fluss auf der Suche nach Sonnenuntergangsbildern, die wir aber nicht schön genug bekommen. In der Stadt Maun suchen wir nach einer ultimativ hippen Bar und finden nur einen Sparmarkt. Ersatzweise kaufen wir Cola, Brot und viel Käse für das nächste Frühstück auf einem Zeltplatz. Zurück im Sedia-Hotel essen wir im Restaurant und trinken ein paar Bier, aus der Dose, die Zapfanlage an der Bar ist nur Fake. Gut ist, was kalt ist. - Auf dem Weg zum Restaurant, gleich beim trüben Swimmingpool, sahen wir mittags schon eine mittelprächtige Schlange, die aber flüchtete, bevor wir über die Giftigkeit ordentliche Anhaltspunkte ausmachen konnten. Jetzt nachts wird sie verschwunden bleiben, der Rückweg auf einen Cognac auf der Terrasse unseres Chalets ist also gefahrlos.

Der Südafrika-Branntwein belohnt unsere Krankenwache und gibt uns Kraft. Man muss nur fest daran glauben. Wir kommen etwas in Geburtstagslaune als Armin um 22 Uhr aufersteht und sich zu uns gesellt. Es geht ihm so gut, dass wir bis morgens drei Uhr philosophieren können, dann müssen wir ins Bett gehen. Der Cognac ist aus.

Mit Pfeil und Bogen in das Buschmannland.
Erste Lektionen im Kalahari-Überlebens-
training.

Mittwoch, 26. November

Fünfzig Prozent der Gruppe erscheinen
erst um 9:30 beim Frühstück. Das Buffet
wurde mittlerweile vom Hotelpersonal
ziemlich aufgezehrt. Für ein Würstchen
und Brot reicht es aber noch. Kaffee ist am
wichtigsten.

Als Zentrum von Maun gilt eigentlich Riley's
Garage, eine Lodge mit Campground, eine
Shell-Tankstelle und ein Supermarkt. Ob
hier der Bär los gewesen wäre? Jedenfalls
ist der Platz so gut ausgestattet, dass wir
endlich qualifiziert und automatisch Luft
nachfüllen können. Der Weg vor uns wird
von nun an meist Teerstraße sein und die
braucht einen höheren Reifendruck als die
Sandpiste.

So gerüstet fahren wir in das Buschmannland am Rande der Kalahari. D'Kar ist unser Tagesziel, ein kleiner Ort in dessen Nähe eine von Buschleuten bewirtschaftete

Farm stehen soll. In D'Kar selbst, ein winziges Dorf mit allerhand Lehmhütten, steht ein kleines, unscheinbares Buschmann-Museum, in dem gezeigt wird, mit welchem Werkzeug die traditionellen „San" durch die Wüste ziehen. Das ist auch die Gelegenheit, eines dieser unvermeidlichen Buschmann-Sets zu kaufen: eine Röhre mit ein paar Pfeilen und zwei Stück Holz, die zum Feuermachen geeignet sein sollen. Jeder von uns versorgt sich damit, selbst Bernhard, der um Shops, die kleiner als Supermärkte sind, sonst einen großen Bogen macht. Zwei Buschmann-Frauen arbeiten in dem kleinen Laden, der Rest vom Dorf lungert draußen irgendwie rum. Ein paar Ohrringe aus Straußeneierschalen, Armbänder und andere Kleinigkeiten werden uns vor die Nase gehalten, man möge es doch kaufen. Wir kaufen, obwohl wir wissen, dass es zuhause niemand wirklich haben will. Aber hier geht schließlich um die Einheimischenförderung, nicht um die Daheimgebliebenen.

Etwa zwanzig Kilometer weiter, Richtung Ghanzi, biegen wir links zur Dqae Qare Farm. Die fünfzehn Kilometer Sandpiste tiefer in die Kalahari hinein erzeugen so etwas wie Erholung von der Teerstraße. Die Wildnis ist unser Zuhause, die Zivilisation ängstigt uns. Die Farm hat ein Gästehaus, das wir nicht benutzen, denn diese Nacht wird wohl die letzte Zeltnacht werden. Das wollen wir schon zelebrieren. Der Betreiber der Farm, der hier mit Frau, Sohn und Tochter und zwei, drei anderen Buschleuten lebt, stellt sich uns als Comza vor. Ein netter Kerl. Wir fragen, ob wir eine geführte Buschtour unternehmen können, wir wollen schließlich über das Leben dieser Leute etwas mehr erfahren. Im Anschluss würden wir uns gerne bekochen lassen, also Dinner im Freien, unter einem breiten und großen Strohdach. Alles ist möglich.

Auf dem sehr, sehr großzügigen Areal suchen wir einen schönen Platz für die beiden Autos. Kein Mensch ist da, wir sind weit und breit die einzigen Gäste. Der Campground hat Dusche und WC und der Platz sogar einen Wasseranschluss. Wir bauen auf im warmen Licht des späten Nachmittags.

Mit dem Land Rover werden wir von Comza abgeholt. Er ist ein echter Buschmann, aber mit langer Hose, T-Shirt und Turnschuhen. Ein paar Kilometer fährt er mit dem Auto in die Buschlandschaft des Kalahariradses. Wohl zu unserer Beruhigung beginnt er mit dem Hinweis, alle Tiere hier wären sehr freundlich. Schlangen auch? Nun, die würde man nicht sehen, sie flüchten lieber. Die vielen flachen Löcher im Sandboden stammen übrigens von Skorpionen. Aha, sehr freundliche Tiere! Die Giftigkeit ist abhängig von der Schwanzlänge, nicht von der Körpergröße. Die Stiche sind schmerzhaft, selten letal. Der gelbe Skorpion sticht vielleicht tödlich, ist aber selten. Mit dem Grabstock, den jeder Buschmann dabei hat, schaufelt unser Lehrmeister in einem Skorpionbau. Wir sehen nichts, Gott sei Dank.

Widmen wir uns der Fauna. Die roten, reifen, kleinen Beeren eines unauffälligen Strauches mit dem schönen Namen Brandybusch kann man essen und wir versuchen es auch. Wenig Geschmack, wenig Fruchtfleisch an der erbsengroßen Beere, große Kerne zum Ausspucken. Die Pflückgeschwindigkeit liegt auf jeden Fall so niedrig, dass man währenddessen verhungern kann (eigene Einschätzung). Die Beeren können auch gepresst und der Saft vergoren werden. Daraus entsteht dann der Buschmann-Brandy. (Wir lernen: auch Buschleute brauchen etwas zur Desinfektion.) Nützlich sind auch noch die Wurzeln dieses Busches. Ich glaube das Einatmen des Rauches bei der Verbrennung hilft gegen Erkältungen. Das Holz der Zweige ist gutes Material, um daraus einen Bogen zu schnitzen. Ach ja, die Rinde lindert den Schmerz bei Skorpionstichen.

Noch eine nach Knoblauch und Zwiebeln riechende Wurzel präpariert unser Führer und erzählt, dass während des Medizinmanntanzes eine Trance eintreten kann. In dieser Zeit spricht die entwichene Seele des Medizinmannes mit den Geistern. Um die bösen Geister dabei fern zu halten, braucht es den Duft dieser Wurzel. Um die bösen Geister von mir fern zu halten, stecke ich das Wurzelstück in die Hosentasche, wer weiß, vielleicht nützt es. Doch die Freunde, die hinter mir gehen, beschweren sich über den schlechten Geruch, der auszuströmen beginnt. Ich werfe das Holzstückchen also weg, lieber ein paar böse Geister, als keine Freunde in der Wüste. Wir lernen eine Buschkartoffel zu finden, die roh gegessen werden kann. Natürlich wollen wir alle probieren und stellen fest, es schmeckt einigermaßen. Comza wundert sich, dass wir alles probieren und erfreut sich an unserer Neugier.

Buschleute brauchen nicht viel zu trinken. Die Flüssigkeiten aus Pflanzen genügen oft schon. Eine Art Buschrettich findet unser domestizierter Buschmann zu unserem großen Glück. Buchleute gehen dafür kilometerweit. Mit einem scharfen Holzstück wird die Wurzelknolle geschabt und der so entstehende Brei in die Hand genommen. Schließt man nun die Hand zur Faust, und hält dabei den Daumen abgespreizt nach unten, läuft der herausgepresste Saft über den Daumen und kann direkt in den Mund geträufelt werden. So imponierend, dass Armin und Harald das sofort selbst ausprobieren müssen – und es gelingt. Der Geschmack soll etwas an bitteren Rettich erinnern. Tropfen, die dabei ins Europäerauge gehen, brennen ganz normal.

Zunehmend fühlen wir uns geeignet für ein Leben in der Kalahari. Trotzdem war es eine gute Idee, schon ein Abendessen bestellt zu haben. Obwohl es von der Buschfrau hergerichtet wurde, ist es ein gut verträgliches Huhn aus eigener Zucht. Es ist schmackhaft gekocht und in ausreichender Menge vorhanden. Den Salat lassen wir aus Sicherheitsgründen unberührt. Kaltes Bier gibt es auch reichlich und wir vermissen nichts. Längst ist es dunkel geworden und nur Kerzenlicht beleuchtet unseren Esstisch. Die Autanwolke um uns herum verhindert so manchen Moskitoangriff, nicht jeden.

Wir gehen zurück zu unserem Lagerplatz, machen noch ein Feuer und geben der Müdigkeit Raum. Die Körper fordern ein, was wir ihnen gestern Nacht nicht vergönnten. 22 Uhr ist auch eine anständige Zeit, um in den Schlafsack zu kriechen. Wie die Kalahari nachts klingt? Ich weiß es nicht, ich habe überhaupt nichts gehört, ich habe einfach nur geschlafen.

Gelb und giftig ist die Kalahari. In Namibia besuchen wir Daktari und übernachten dort.

Donnerstag, 27. November

Das mutmaßlich letzte Frühstück in der Weite der Kalahari genießen wir in Langsamkeit. Ein paar Tiere um uns herum wären ganz nett, doch leisten nur die lauten Webervögel über uns und ein paar sehr scheue Perlhühner um uns distanziert Gesellschaft.

Armin baut eine Tankstelle auf: sechs schwere Kanister sollen in die Tanks entleert werden. Ab jetzt ist die Dieselsituation sehr überschaubar und wir werden, errechneterweise, bis Windhoek kommen. Einen größeren Stein bewegt Armin, um Platz zu schaffen für irgendwas. Dann ein Freudenschrei, der auch ein Schreckensschrei hätte sein können, eigentlich hätte sein müssen. Das Versteck eines gelben, riesigen Skorpions ist aufgedeckt und leitet die sofortige Suche nach Filmkamera und Fotoapparaten ein. Nicht das blanke Entsetzen über diesen hochgiftigen Zeitgenossen aus der Klasse der Spinnentiere treibt uns, sondern der Jagderfolg. Harald bleibt dem flüchtenden Tier auf den Fersen und hält es mit einem Stock im Zaum. Wir alle sollen Gelegenheiten haben, das schöne Tier mit dem großen, schwarzen Giftsack zu fotografieren. Bernhard und ich versuchen es mit dem Teleobjektiv, was eine gewisse Distanz zwischen Model und Fotograf erhält. Unser arachnophiler Harald wählt die Makroeinstellung. Die Entfernung zum Objekt ist nur drei oder fünf Zentimeter. (Das Bild ist toll geworden.) Nachdem wir alles im Kasten haben, entlassen wir das Tier in die Wüste. Es flüchtet glücklicherweise und sucht nicht weitere Nähe zu uns.

Noch beim Frühstück einigen wir uns über das nächste Ziel. Wir wollen nicht direkt in einem Rutsch nach Windhoek fahren, sondern die vorletzte Nacht noch auf einer Löwenfarm verbringen. Die Abfahrt um 11 Uhr soll reichen. Schnell sind wir wieder auf der Teerstraße, Richtung Ghanzi. Die Hauptstadt der Kalahari befindet sich in ehemaligem Buschmanngebiet. Heute ist es eine Ansammlung mit Menschen aus vielen Stämmen. Hier wird meist Afrikaans gesprochen, die Buschmänner gehören eher zur niedrigen Kaste. Das Gefängnis im Ort wird unanständigerweise auch als Buschmann-Hotel bezeichnet. Der Souveniershop, gelegen zwischen dem einzigen Hotel am Ort und der Poststation, also ein Zentrum, ohne so auszusehen, gibt uns noch Gelegenheit unsere letzten Pula vor der Grenze auszugeben. Der Ort ist staubig, aber es sind viele Menschen auf der Straße, sehr geschäftig scheinen sie. Für große ethnische Studien ist keine Zeit, rund dreihundert Kilometer liegen noch vor uns.

Ein Polizeiposten wenige Meter vor der Grenze will noch ins Auto sehen und fragt, ob er ein deutsches T-Shirt haben kann. Er bekommt zwei eiskalte Cola-Dosen und ist sehr glücklich. Ein T-Shirt herauszusuchen, ein sauberes zumal, ist einfach zu mühsam. Die Formalitäten selbst, zwischenzeitlich gut geübt, gehen schnell von der Hand und etwas wehmütig verlassen wir das schöne, freundliche Botswana. Vom Hauptverbindungsweg nach Windhoek müssen wir abfahren, einen Umweg von rund hundert Kilometern machen, um auf guter Gravel

Road zur Harnas Wildlife Foundation zu kommen.

Von dieser Gravel Road geht es nochmals rund zehn Kilometer auf einem Sandpfad zur Farm. Wir, die wir aus der Wildnis kommen, staunen schon etwas über diese Anlage, mit Brückchen und Wiesen. Zwei Strauße kommen auf unser Auto zu und es entsteht so etwas wie Daktari-Gefühl. Die Weitläufigkeit der Anlage, es sind zehn Hektar, erschließt sich nicht auf den ersten Blick. Auf einer großen Fläche stehen ein paar Bungalows, mit gehörigem Abstand voneinander. Einen davon werden wir bald beziehen. Über ein Brückchen, mit Rollgitter abgesichert gegen Warzenschweinbesuch, geht man auf schmalem Kiesweg, vorbei an einem Krokodilgehege, zum Empfangsbereich, der aus Bar, Restaurant, Lounge und schöner Terrasse besteht. Die offene Bauweise und die Strohdächer passen zur Landschaft. Ganz nah, von der Terrasse zu sehen, ist eine Einzäunung, die Geparden beherbergt. Überhaupt nicht zur Landschaft passt ein etwas lieblos kleines Swimmingpool mit bunten Plastikkugeln an der Oberfläche. Auch die mit großen

Steinen gesäumten Kiespfade wirken mickrig und erzeugen etwas Kindergartenatmosphäre – zunächst. Im Verlaufe der Stunden und nach einem kühlen Bier gewöhnt man sich ein und findet ganz nett, dass hier ein Esel neben einer jungen Giraffe herumstreunt und vielleicht zwanzig riesige Schildkröten, alle grell auf dem Panzer nummeriert, immer wieder die Wege kreuzen. Zwei Äffchen turnen auch herum und setzen sich auf Stuhllehnen oder auf die grob gehauenen Tischplatten (den Fotoapparat also nicht einfach liegen lassen, auch technisch unbegabte Affen freuen sich auf so blitzendes Gerät).

In der ganzen Anlage ist viel Leben, nicht zuletzt, weil es eine Heerschar junger Mädchen zwischen achtzehn und zwanzig Jahren gibt (auf jeden Fall außerhalb unseres Beuteschemas, keine Sorge, liebe mitlesenden Ehefrauen!), Mädchen, die alle „immer schon einmal irgendwie was mit Tieren zu tun haben wollten." Diese sogenannten Volunteers helfen beim Füttern, pflegen und Warten der Anlage und kommen vorwiegend aus Europa. Harnas, die „Arche Namibias", wie sich die Farm nennt, ist also so etwas wie ein Ponyhof für junge Erwachsene in Afrika. Angela Jolie ist die Patin, leider ist sie nicht da (und Brad Pitt auch nicht, liebe schmachtende Ehefrauen). Es gibt also einen großen philosophischen Überbau über diesen namibischen Farmer-Zoo. Für Fotos ist das allemal interessant und wir melden uns für die vormittägliche Feeding-Tour des nächsten Tages an.

Zunächst steht aber unsere eigene Abendfütterung an. Das Dinner gibt es in der rustikalen Atmosphäre aus Holzbänken und Tischen, aber mit schönen Gläsern und gutem südafrikanischem Wein. Weil wir unserem jungen Boy nicht zutrauen, dass er den richtigen Wein findet, gehe ich mit Bernhard selbst an den, mit schwerem Schloss versehenen, Holzweinschrank. Gleich zwei Flaschen suchen wir aus: die eine trinken wir, warm wie sie ist (zimmerwarm in Namibia ist doch etwa achtundzwanzig Grad), aus einer Notwendigkeit heraus, die nicht beschrieben werden muss. Die andere Flasche lassen wir ins Eis legen, um sie in die Nähe von achtzehn Grad herabzukühlen.

Da wir die einzigen Gäste sind, haben wir alle Aufmerksamkeit, spüren aber auch, dass gegen 21 Uhr eine gewisse Nervosität beim Personal auftritt, sie wollen ins Bett. Einen Whisky leisten wir uns noch, wer weiß, ob die Fleischbällchen wirklich in Ordnung waren. Anständigerweise ziehen wir uns aber bald zurück und gehen zu unserem Bungalow. Der Weg führt zwischen Krokodilgehege und Swimmingpool. Mit unseren Taschenlampen leuchten wir die Krokodilwohnstatt ab, sehen aber nur zwei grün reflektierende Augen. Wo sich das andere der beiden Krokodile aufhält sehen wir nicht. Das Licht in die Fläche geschickt, wird wieder nur von hoppelnden Augen reflektiert. Nichts Spektakuläres also auf weiter Flur. Auch keine Skorpione, Gott sei Dank. Obwohl vor dem Bungalow eine schöne Sitzgelegenheit existiert, mit bereits hergerichtetem Feuerholz, können wir wegen der anströmenden Insektenvielfalt nicht im Freien sitzen, zumindest haben wir heute keine Geduld für die Beobachtung und Abwehr. Die Räume innen sind aber sehr gemütlich eingerichtet. Auf dem Bett liegend, trinken wir noch ein Bier aus eigenen Beständen.

Das Ende unserer Reise naht und ein wenig Schmerz kommt schon auf. Der Schlaf beendet dieses Leiden für heute.

Ein Krokodil geht baden. Kiloweise werden Spaghetti und Reis verschenkt und dafür Oryxantilopen gegessen.

Freitag, 28. November

Aus breitem, weichem Bett stehe ich um 8:00 Uhr auf. Die Fütterungstour (der Tiere, es hat nichts mit unserem Frühstück zu tun) ist für 9:00 Uhr angesetzt und wir sollten Hungernde nicht warten lassen. Auf dem Weg zum Frühstück beobachten wir noch ein ganzes Rudel gestreifter Mungos, die am Boden hockende Vögel nervös machen. Unser Frühstücksplatz ist ziemlich bevölkert mit allerhand kichernden und ratschenden Volunteers, die alle in Richtung des Swimmingpools deuten. Unter den bunten Bällen, im trüben Chlorwasser, erkennen wir tatsächlich ein Krokodil. Es hat sich letzte Nacht irgendwie aus seinem Gehege befreit und ist wohl just über die Wiese, die auch wir nutzten, zum Swimmingpool gewandert. Schade, dass wir es nicht getroffen haben, gut dass wir nicht darüber gestolpert sind.

Die Aktion, das Tier aus dem Pool herauszufischen, beobachten wir mit Kaffee und Spiegeleiern. Hilfreich zur Hand gehen können wir ohnehin nicht. Schlingen werden um Hals und Maul des Krokodils gelegt und mit vereinten Kräften wird an den Seilen gezogen, bis das Tier am Poolrand zu liegen kommt. Das Maul wird fest zugebunden und viele Hände tragen das Vieh zurück ins angestammte Gehege. Das scheint wohl öfter vorzukommen, die einheimischen Erwachsenen sind ganz entspannt.

Der Vorfall bringt aber etwas den Zeitplan durcheinander und die Fütterungstour beginnt erst um 9:30 Uhr. Ein etwa fünf Meter langer Anhänger ist voll bepackt mit Fleisch. In einzelnen Gefäßen, die beschriftet sind mit Lions, Cheetahs, Wild Dogs und so weiter, liegt rohes Fleisch, von einem natürlich gestorbenen Pferd (man geht sehr sorgsam mit unserer Psyche um, obwohl diese Erklärung sicher für die vielen, Pferde liebenden, Mädchen gedacht ist). Der Jeep fährt nun eine Tour zu den einzelnen Gehegen ab, die aber jedes für sich ziemlich groß sind. Das ist schon deutlich anders, als in einem Zoo. Schon das Motorengeräusch bringt die Gehegebewohner zum Zaun. Mit Schwung werden die Fleischbatzen an immer wieder gleichen Stellen über den elektrischen Draht geworfen. Je nach Temperament werden die Stücke entweder gemächlich aufgenommen, um dann, etwas weiter ins Innere geschleppt, dort mit Ruhe und Genuss verzehrt zu werden, so ist es bei den Löwen, oder es wird schon aus der Luft, vor der Bodenberührung geschnappt, um gierig verschlungen zu werden, wie wir es bei den wilden Hunden sehen.

Selbst für eine Kaffeepause ist Zeit, die wir ganz nah an einem Löwengehege verbringen. Die drei Pfleger erklären nimmermüde die Philosophie der Farm, die Verhaltensweisen der Tiere, erzählen die Geschichten, wie die Farm zu den Tieren kommt, wie sie sie wieder auszuwildern versuchen. Wir haben Gefallen daran und machen gute Bilder, allerdings sind sie bei weitem nicht so erkämpft, wie die tausend Aufnahmen der letzten Tage. Mit fotografischen Blendentricks müssen wir manchmal arbeiten, um die Zäune unsichtbar zu halten (Blende ganz weit aufmachen und auf das eigentliche Motiv scharf stellen). Beim Bildervortrag zuhause werden wir dieses technische Detail unerwähnt lassen.

Es ist 13 Uhr geworden, die Unterkunft will bezahlt werden (geht mit Kreditkarte) und wir müssen nach Windhoek noch vor 17 Uhr, damit unsere Autovermieter noch anzutreffen sind. Das Farmgelände hat eine Pforte, etwa zehn Kilometer vom Haupthaus entfernt, in dem der Pförtner mit seiner Familie auch lebt. Das bemerkten wir schon bei der gestrigen Einfahrt. Heute nehmen wir diese Kenntnis, um eine riesige Freude bei dem großen, schlanken, schwarzen Herrn zu erzeugen: wir schenken ihm unsere gesamten Vorräte, die noch für eine Woche gereicht hätten. Sehr glücklich bekommt er einige Kilo Nudeln und Reis, Fleisch- und Wurstkonserven, Gemüsedosen und Fertigsoßen, Brot und Butter, Margarine und Öl, Gewürze und noch vieles mehr. Wir sind sicher, so schwer hat er noch nie an eigenen Einkäufen getragen (entsprechende Plastiktüten geben wir natürlich auch dazu, in bloßen Händen wäre es nicht tragbar). Die Besitzer der Harnas

Farm mögen uns verzeihen, wenn der Pförtner nun zwei Wochen in Urlaub geht.

Hundert Kilometer fahren wir wieder auf der Gravel Road, bis wir zur Teerstraße Richtung Windhoek kommen. Namibias Hauptstadt erreichen wir um 16 Uhr, nach flotter, unkomplizierter Fahrt. Die „Caprivi Car Hire" Station finden wir auf Anhieb und sind sehr glücklich, die Autos wieder in einem, den Umständen entsprechend gutem Zustand auf den Hof fahren zu können. Klar, das Äußere hat schon etwas gelitten, der Schlamm ist ziemlich festgebacken und die Wagenwäsche wird nicht einfach sein. Ingo, der unsertwegen schon dreitausend Kilometer gefahren ist, um uns mit dem Ersatzteil zu versorgen, ist auch irgendwie froh, dass wir wieder da sind. Wir erzählen vom Vorderachsen-Gelenkschaden und wie er sich freuen kann, dass ein weiterer Serviceeinsatz deshalb nicht nötig war.

Die bereitgehaltenen Tipps nimmt Ingo nicht so freudig auf, denn er will nicht viele solche Fahrer wie uns. Aber er ist uns überhaupt nicht böse. Der Rest ist versichert.

Sein Fahrer bringt uns noch zu unserer Pension für diese Nacht, in die Uhlandstraße (in Windhoek gibt es noch solche Straßennamen).

In der Pension Uhland, wie alle Häuser von Weißen, stark eingemauert und stacheldrahtbewehrt, erwartet man uns schon, zeigt die Zimmer und wir sind zufrieden. Zu Fuß wollen wir noch etwas durch die Stadt schlendern und nochmals, wie schon vor sieben Jahren, an den wichtigen Sehenswürdigkeiten vorübergehen. Auf unserem Weg liegen die Turnhalle, an der nun doch das Wort „Turnhalle" überpinselt ist, das Reiterdenkmal, das immer noch an dem prominenten Platz zwischen protestantischer Kirche und altem, deutschen Fort steht, obwohl der dargestellte Südwester nur an die gefallenen Soldaten der deutschen Schutztruppe erinnert, und das Einkaufszentrum, das schon seit 18 Uhr geschlossen hat.

Der Hunger treibt uns schließlich zu Joe's Beerhouse. Hinter Mauern ist das Biergarten, Restaurant, Bar und der vielleicht meistbesuchte Ort in ganz Windhoek, zumindest an diesem Freitagabend. Auf den bestellten Platz müssen wir etwas warten. Das fällt uns leicht, an der Theke lehnend, bei echtem Fassbier und nochmals echtem Fassbier. Schneckenvorspeise für einige von uns, Oryxantilopensteak für uns alle. Zum Abschluss der Reise bekommen wir das weltbeste Steak und wir sind dankbar um die große Portion, die wieder allerhand Bier braucht, um genussvoll und langsam verspeist zu werden. Hier könnte man eine ganze Nacht verbringen, wüssten wir nicht, dass die Abholung zum Flughafentransfer schon für 6 Uhr organisiert ist.

Zu Fuß gehen wir durch die Siedlung der Weißen, die sich und ihre Autos hinter den Mauern verstecken, in unser Hotel. Auf der Terrasse vor unserem Zimmer teilen wir zu viert noch die beiden verbliebenen Biere. Für Resümees ist es zu spät, sie ergäben zu lange Geschichten. Zuhause wollen wir lieber Bilder sprechen lassen: Harald eintausendfünfhundert, Bernhard eintausendzweihundert, ich selbst achthundert Bilder, Armin vier Stunden Filmmaterial. Die armen Verwandten.

Blasse Landung und gepflegtes Ende.

Samstag, 29. November

Der Fahrer kommt pünktlich um 6 Uhr. Die Fahrt zum Flughafen über vierzig Kilometer ist einfach, die Abfertigung unseres Gepäckes rasch. Da unser Flugzeug erst um 8:40 Uhr abfliegt, bleibt genug Zeit für die SMS nachhause („keine Krankheiten, nicht vergammelt, alles gut"), für Kaffe mit den letzten namibischen Dollars und für Kleinigkeiten aus dem Souvenirshop.

Der Flug ist so ruhig, dass unser Treiber und Reisevorbereiter Armin den Flug ohne Erbrechen übersteht. Nur etwas blass steigt er in München aus, aber das kann auch den zehn Stunden auf den engen LTU-Sitzen zugerechnet werden. Die abholenden Ehefrauen sind überrascht über unser gepflegtes Erscheinungsbild (rasiert!) und froh, uns wieder zu haben (einfach unterstellt).

Wenn wir nach Angola wollen, müssen wir etwas portugiesisch lernen. Wir wollen aber niemanden beunruhigen. Vielleicht gibt es auch in Italien Sandstraßen …